혼자 배우고 익히는
초보중의 왕초보 중국어

허선쌤의 천천 중국어 첫걸음

허선 지음

정진출판사

머리글

중국어가 어려운 건가요?

중국어 강의 경력도 벌써 10년을 넘었네요. 발음부터 회화까지 학생들과 함께 그 여정을 걸었고 또 지금도 걷고 있어요. 하지만 반복되는 여정이 절대 지루하지 않고 항상 저에게는 새로운 도전으로 다가왔고 그러다 보니 중국어 교육에 대한 애정과 열정도 지나간 시간만큼 저도 모르게 생겼어요.

이 책은 아직 중국어에 대해 관심은 있지만 시작을 망설이시는 분들, 중국어를 한 번이라도 배운 경험이 있지만 너무 오래전이어서 다시 시작하는 것이 두려운 분들, 오프라인으로 배우고 싶지만 시간과 여건이 되지 않는 분들, 혼자서 가볍게 취미로 배우고 싶은 분들, 앞으로 중국 여행이나 출장을 계획하고 있는 분들을 위해서 만들었어요.

누구나가 필요한 단어나 표현들을 최대한 넣어서 학습자분들이 공부하기 수월하게 내용을 구성했어요. 중국어를 혼자 배우고자 하는 모든 학습자들이 어렵지 않게 따라올 수 있도록 저의 노하우를 책에 녹였으니 걱정 마시고 처음부터 차근차근 공부해 나가다 보면 나중에 자신도 모르는 사이에 중국어 실력이 향상되어 있을 거예요.

■ 이 책의 구성

- 발음과 성조를 디테일하고 섬세하게 설명했어요. 책으로 공부하고 있지만 마치 옆에 선생님이 발음과 성조를 잡아주고 학습자들이 스스로 어렵지 않게 중국어를 공부할 수 있도록 만들었어요.

- 단어나 회화 내용의 구성은 기본적인 필수 단어들을 사용하면서 최근 상황에 자주 사용하는 단어나 회화도 같이 넣었어요.

- 성조나 발음이 어느 정도 자리잡혔을 경우에는 한자를 읽고 쓰는 건데, 그것을 대비해서 병음 없이 중국어 한자를 보고 읽을 수 있도록 본문을 한자 없이 읽는 부분을 따로 만들었어요.

- 듣기와 연습문제들이 있는데 반복적인 학습과 테스트를 통해 완전히 여러분의 것으로 만들 수 있는 파트예요.

- 제일 중요한 건 마지막 파트 모바일로 연습하는 부분이에요. 핸드폰으로 중국어 자판을 연습하고 문장을 만들어 보는 것인데 발음을 외우는 것에 도움이 될 뿐 아니라 중

국어와 친해질 수 있어요.

• 중간중간 중국 문화 소개도 있으니 가볍게 읽으면서 좀 더·중국과 가까워지는 시간을 가지세요.

■ 책을 출판하며

어느덧 중국어 강의 경력도 10년이 넘어가요. 그동안 이 책을 쓰면서 항상 제가 느끼는 가장 큰 고민은 어떻게 하면 발음·성조·한자 3가지의 균형을 잘 맞춰서 회화로 이어지게 할 수 있게 하는 거였어요. 그러다 보니 설명이 더 디테일해지고 집에 와서도 계속 분석하고 정리하게 되었어요.

여러분들이 이 책을 통해서 중국어의 낯설음을 덜어내고 조금씩 알아가는 과정 속에서 소소하지만 확실한 행복과 더불어 실력도 쑥쑥 상승하길 바라요.

학습자분들의 내면에 숨겨져 있던 언어에 대한 열정을 일깨우고 포스트 코로나 이후에 자신 있게 중국어로 소통할 수 있는 길을 만들고 싶은 저의 마음을 이 책에 듬뿍 담았어요. 어느 순간 중국어의 의미가 하나씩 들리고 길 가다가 한자로 된 간판이나 광고를 보면 여러분도 모르게 중국어 발음으로 읽는 날이 곧 다가올 거라고 생각해요.

출판을 준비하면서 묵묵히 응원해 준 부모님, 가족, 지인 친구들, 그리고 많은 도움을 준 이얼싼 중국어학원의 동료였던 리린라오스에게 고맙다는 말씀 전해요. 그 외에 중국 현지의 친구들 Lily chen, Zhangminghui, 홍콩 친구 Ann, 미국 Meloldy, 대만 helen, 말레이시아 suki 덕분에 큰 힘이 되었어요. 항상 저에게 자극을 주고 성장하게 해주었던 수강생분들께도 감사해요.

부족하지만 저의 책을 멋지게 편집해 주신 김양섭 편집장님, 마지막으로 저에게 값진 기회를 주신 정진출판사 박해성 대표님께 깊은 감사를 전해요.

저자 허선

4

목차

중국어의 발음

중국어의 발음

발음

1. 중국어의 문자

중국은 56개의 소수민족으로 구성되어 있고 그중에 한족(汉族)은 중국 전체 인구의 91%예요. 한족이 사용하는 언어, 즉 중국어를 한어(汉语)라고 해요. 중국어의 표준어는 북경어의 음성을 기준으로 하고 있어요. 중국어에도 지역의 지방어, 즉 방언이 있는데 13개가 있어요. 그렇기 때문에 중국 내에서도 지방이 다르면 서로가 어떤 말을 하는지 소통이 어려울 때가 있다고 해요. 그중에 한 지방어가 우리에게도 친숙한 홍콩에서 사용하는 광동어(Cantonese) 켄터니즈예요.

광동어(Cantonese)는 성조가 9개이며, 홍콩·마카오 등에서 사용해요. 중국의 방송에서는 자막이 나와요. 그리고 중국 드라마에서는 더빙을 많이 해요.

중국어의 역사는 길고 세계에서 15억 인구가 사용하고 있어요. 중국에서뿐만 아니라 싱가포르·말레이시아·태국과 화교들이 많이 거주하는 미국·캐나다·호주·뉴질랜드의 화교 지역에서는 중국어를 사용해요. 중국의 급격한 경제 성장과 더불어 유럽과의 무역 교류도 빈번해지면서 유럽 국가에서도 중국어에 대한 관심이 높아지고 있으며 제2외국어, 제3외국어로도 많이 배우고 있어요.

2. 간체자(简体字)

중국하면 가장 먼저 떠오르는 이미지가 한자예요.

중국 대륙에서 사용하는 한자는 간체자예요. 중국은 1956년부터 간체자를 사용하기 시작했어요.

기존의 번체자에 비해 획수가 줄어서 한자에 대한 부담을 덜고 간편화시켰어요. 한자가 다이어트했다고 생각하세요.

하지만 중국어를 사용하고 있는 대만·홍콩·싱가포르·말레이시아 등 화교권 나라에서는 여전히 기존의 번체자를 사용하고 있어요.

번체자
繁体字(fántǐzì)

간체자
简体字(jiǎntǐzì)

3. 한어병음(汉语拼音)

　한자는 각각 고유의 뜻을 포함하고 있는 문자예요. 그래서 한자를 소리로 읽어주는 역할이 필요해요. 그것이 바로 한어병음(汉语拼音)이에요. 한어병음은 영어 알파벳으로 구성되어 있어요. 단, 영어 발음과는 달라요.

　소리를 담당하는 부분이기 때문에 한어병음을 잘 숙지해야 듣기도 말하기도 잘할 수 있어요.

　중국어의 가장 대표적인 인사말이죠. 중국어를 배우지 않았어도 많이 알고 있는 '你好'를 보면 병음이 'n + i / h + ao'예요.

　핸드폰 모바일로도 중국어를 전송하려면 정확한 한어병음을 알고 있어야 찾고자 하는 한자로 전환이 가능해요.

4. 중국어의 성조

■ 성조

　성조는 음의 높낮이라는 의미예요. 중국어에는 기본 성조가 4개 있어요. 한어병음 위에는 각각의 성조 기호가 올라가 있어요.

　알파벳 위에 있는 각각의 기호는 '저 좀 이렇게 읽어 주세요'라는 표시 같은 거예요.

　한국어에는 없는 음의 높낮이에 처음에는 소리낼 때 낯섦과 두려움이 앞서기도 하는데 기호를 보면서 음의 높낮이를 잘 지키면 오히려 성조의 매력에 푹 빠지게 돼요.

　초기에 성조를 잘 잡아주는 것이 중요해요. 핵심 포인트를 파악해서 감을 잡으면 누구보다도 성조를 잘할 수 있어요.

표기법	발음 방법
제1성 ā	여러분의 평소 톤보다 한 단계 올려서 편안하게 '아~' 하고 소리를 내주세요. 높은음을 유지하되 살짝 길게 내주세요.
제2성 á	여러분의 톤에 리프팅을 해준다는 생각으로 소리를 부드럽게 끌어 올려주세요. 중국어에서 전화할 때 '喂 wéi 웨이'라고 하는 그 발음을 생각하면 2성이 쉬워져요.
제3성 ǎ	오페라의 알토처럼 낮은음으로 시작하되 성조의 기호처럼 내려갔다가 중간 지점에 터닝해서 잔여 음으로 올려주시면 돼요. '好 hǎo 하오'라는 발음을 생각하면 3성이 쉬워져요. 낮은음이기에 소리가 굵어지는 느낌이 들어요.
제4성 à	누가 옆에서 쌔게 툭 쳤을 때 나도 모르게 본능적으로 '아~' 하고 크게 소리 내겠죠. 크고 힘 있게 낼수록 상대방이 잘 알겠죠. 그 정도로 4성은 강하게 밑으로 쏘아주세요.

■ 경성

가볍게 읽어주는 성조를 말해요. 1성부터 4성은 악센트를 주듯이 음을 올리고 내리는데 비해 경성은 반대로 힘을 빼며 가볍게 읽으세요. 성조의 기호는 없어요.

① 같은 발음이 두 번 반복되는 단어에서 두 번째 음절은 경성이에요.

妈妈 māma

앞에는 1성이고 뒤에는 경성일 경우에는 앞에서 힘을 주다가 두 번째 성조로 넘어갈 때 힘을 빼주세요.

② 단어의 의미보다는 기능적으로 역할을 하는 조사

的 de ~의

吧 ba ~하자, ~해요

③ 지역의 차이가 있지만 두 번째 음절이 경성인 단어

朋友　péngyou　친구

5. 중국어의 운모

중국어의 운모는 모두 6개가 있어요. 영어의 알파벳과는 발음이 다르기 때문에 운모를 순서대로 반드시 외우세요.

  치과에서 의사 선생님이 '아~ 하세요'라고 하는 느낌으로 '아~'로 발음해 주세요.

  입을 살짝 오므려서 '오어~'라고 발음해 주세요.

  아랫입술을 살짝 의식하면서 '으어~'라고 발음해 주세요.

  아주 쉬운 발음인데 스마일 하듯이 입술 양쪽을 당겨서 '이'라고 발음해 주세요.

  우리은행의 '우~'인데 입술을 조금 돌출해서 발음해 주세요.

  '위이' 발음으로, 휘파람 부는 모양으로 유지하면서 발음해 주세요.

'i, u, ü'가 성모 없이 단독으로 쓰일 경우 각각 'yi, wu, yu'로 표기해요.

i	u	ü
yi	wu	yu

- i → y가 앞에 붙지만 y는 투명으로 발음이 없어요.
- u → w가 앞에 붙지만 w는 투명으로 발음이 없어요.
- ü → yu로 발음이 바뀌어요. 발음은 '위이'지만 표기는 yu예요.
  ☞손으로 왼쪽 알파벳을 가리고 읽으면 더 도움이 돼요.

■ 복운모

ai	ei	ao	ou	ie	üe	er

⬇ 표기 변화

ai	ei	ao	ou	ye	yue	er

a + i	아 + 이 → 아이	
e + i	에 + 이 → 에이	☞e는 원래 발음이 '으어'인데 e가 i와 결합하면 '에'로 규칙 변화 생겨요.
a + o	아 + 오 → 아오	
o + u	어 + 우 → 어우	
i + e	이 + 에 → 이에	
ü + e	위 + 에 → 위에	
e + r	으 + ㄹ → 얼 ☞r 발음을 강하게 하세요.	

■ 비운모

비운모는 콧소리를 사용하는 발음이에요.

① n 발음은 콧소리를 이용해서 누르듯이 발음하세요.

an	en	in	un	ün

⬇ 표기 변화

an	en	yin	un	yun

a + n	아 + ㄴ → 안
e + n	으 + ㄴ → 언
i + n	이 + ㄴ → 인

u + n 우 + ㄴ → 운
ü + n 위 + ㄴ → 윈

② g 발음이 단어 끝에 위치했을 때 한글의 'ㅇ'으로 발음하세요.

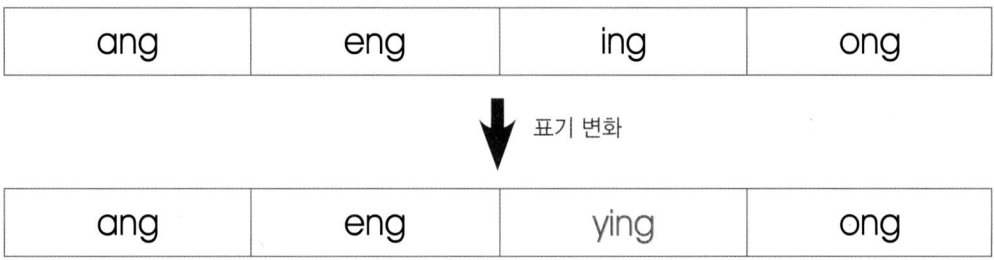

| ang | eng | ing | ong |

⬇ 표기 변화

| ang | eng | ying | ong |

an + g 안 + ㅇ → 앙
en + g 은 + ㅇ → 엉
in + g 인 + ㅇ → 잉
on + g 온 + ㅇ → 옹

☞비운모는 코 양쪽(오른쪽 왼쪽 상관없음) 울리고 있는지 확인하면 도움이 돼요.

■ 결합운모

| iao | iou | ian | uai | uei | uan | uen | ueng |

⬇ 표기 변화

| yao | you | yan | wai | wei | wan | wen | weng |

i + ao 이 + 아오
i + ou 이 + 어우
i + an 이 + 엔 ☞'자음 + i + an' 이때 '안'은 '엔'으로 발음이 바뀌어요.
u + ai 우 + 아이
u + ei 우 + 에이 ☞uei는 중간에 e는 생략하고 ui만 표기해요. 발음은 그대로 살아 있어요.
u + an 우 + 안
u + en 우 + 언 ☞uen은 중간에 e는 생략하고 un만 표기해요. 발음은 그대로 살아 있어요.
u + eng 우 + 엉

6. 중국어의 성모

성모는 한어병음에서 앞쪽에 위치해서 각각의 색깔을 입혀주는 역할을 해요. 그리고 자음은 단독으로는 사용할 수 없고 모음과 만나서 발음의 하모니를 이뤄요.

■ 발음 포인트 1
윗입술과 아랫입술을 서로 붙였다가 떼어주시면 돼요.

b　b(o)　b 발음은 한글의 'ㅂ'과 'ㅃ' 사이의 발음으로 옆에 모음 o(오어)와 만나서 '뽀어'가 되어요.

p　p(o)　p 발음은 한글의 'ㅍ'과 가까운 느낌으로 '포어'라고 발음해 주세요.

m　m(o)　m 발음은 한글의 'ㅁ'과 가깝게 '모어'라고 발음해 주세요.

f　f(o)　f 발음은 영어의 f처럼 아랫입술을 살짝 터치하고 소리를 튕겨서 발음하세요.

■ 발음 포인트 2
혀 끝부분을 입천장 치아가 가까운 부분을 향해 밀어주세요.

d　d(e)　d 발음은 한글의 'ㄷ'와 'ㄸ' 사이에 가까운 발음으로 오른쪽에 모음 'e 으어'와 만나서 '뜨어'라고 발음하세요.

t　t(e)　t 발음은 한글의 'ㅌ'와 가깝게 '트어'라고 발음하세요.

n　n(e)　n 발음은 한글의 'ㄴ'과 가깝게 '느어'라고 발음하세요.

l　l(e)　l 발음은 한글의 'ㄹ'과 가깝게 '르어'라고 발음하세요.

■ 발음 포인트 3

목의 안쪽에서 바깥쪽으로 소리를 끌어내듯이 발음하세요.

g　g(e)　g 발음은 'ㄱ'과 'ㄲ'에 가깝게 '끄어'라고 발음하세요.

k　k(e)　k 발음은 'ㅋ'과 가깝게 '크어'라고 발음하세요.

h　h(e)　h 발음은 'ㅎ'과 가깝게 '흐어'라고 발음하세요.

■ 발음 포인트 4

입을 크게 열지 않고 스마일 하는 정도로 살짝 바람이 나오도록 발음하세요.

j　j(i)　'ㅈ'과 'ㅉ' 사이의 발음으로 '찌이'라고 발음하세요.

q　q(i)　'ㅊ'에 가까운 발음으로 '치이'라고 발음하세요. '치즈'를 생각하면서 '치이~' 발음을 기억하세요.

x　x(i)　'ㅅ'과 'ㅆ' 사이의 발음으로 '씨이'라고 발음하세요.

■ 발음 포인트 5

혀 끝부분을 아랫니의 뒤쪽에 붙인 채 앞으로 밀면서 발음하세요.

z　z(i)　여기서 i는 '으'로 발음이 변해요. '쯔으'라고 발음하세요.

c　c(i)　c 발음은 한글에 'ㅊ'와 가깝고 역시 '츠으'로 발음하세요. c 발음은 한글의 'ㅋ'이 아니라 'ㅊ' 발음에 근접해요.

 발음

s   s(i)   s 발음은 한글에 'ㅆ'에 가깝고 역시 '쓰으'로 발음하세요.

■ **발음 포인트 6**

혀 끝부분을 살짝 말아, 혀의 앞부분을 윗니의 잇몸보다 더 뒤쪽으로 들어올리며 발음하세요.

zh   zh(i)   'ㅉ'에 가깝고 '으+ㄹ'로 혀를 최대한 안으로 말아서 발음하세요.

ch   ch(i)   'ㅊ'에 가깝고 '츠+ㄹ'로 혀를 최대한 안으로 말아서 발음하세요.

sh   sh(i)   'ㅅ'에 가깝고 '슈+ㄹ'로 최대한 혀를 안으로 말아서 발음하세요.

r   r(i)   'ㄹ'에 가깝고 '르+으을'로 최대한 혀를 안으로 말아서 발음해 주세요.

☞z/c/s 뒤에 모음 i 발음은 '으'로 규칙 변화가 생겨요.
  zh/ch/sh/r 뒤에 모음 i 발음도 '으'로 규칙 변화가 생겨요.

7. 발음 규칙 변화

■ j. q. x + ü

ü 위에 기호가 사라져요. 다만 발음은 그대로 살아 있어요.

ju 쮜	qu 취	xu 쉬
jue 쮜에	que 취에	xue 쉬에
juan 쮜엔	quan 취엔	xuan 쉬엔
jun 쮠	qun 췬	xun 쉰

我去邮局。 Wǒ qù yóujú. 나는 우체국에 간다.
워 취 여우쮜
☞ju 발음은 동물 쥐를 생각하세요.

学生注意安全。 Xuéshēng zhùyì ānquán.　학생 안전에 주의하시오.
쉬에성 주이 안취엔

☞xue 발음은 노트하면서 반복 외우세요.

老师买裙子。 Lǎoshī mǎi qúnzi.　선생님은 치마를 산다.
라오스 마이 췬즈

继续努力 jìxù nǔlì　계속해서 노력하다
지 쉬 누리

兄弟在军队工作。 Xiōngdì zài jūnduì gōngzuò.　형제는 군대에서 일한다.
시옹띠 짜이 쥔뛔이 꽁주오

选手参加比赛。 Xuǎnshǒu cānjiā bǐsài.　선수가 시합에 참가하다.
쉬엔셔우 찬지아 비싸이

8. 중국어의 성조 규칙

■ 제3성의 성조 변화

① 3성 + 3성 → 2성 + 3성

　3성이 두 번 연속 나올 경우에 앞의 3성은 2성으로 읽으세요. 성조 표기는 그대로 3성
　으로 해요.

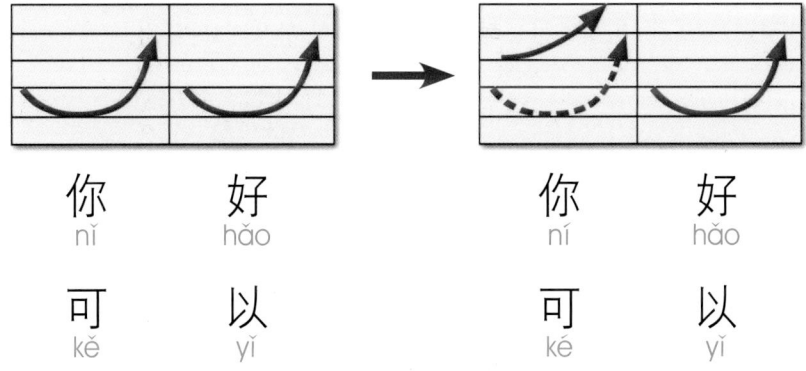

② 3성 + 1성 / 3성 + 2성 / 3성+ 4성 / 3성+ 경성

　3성 뒤에 1성, 2성, 4성, 경성이 오면 3성은 반만 내려주세요.

　　3성 + 1성　：老师 lǎoshī

　　3성 + 2성　：感情 gǎnqíng

　　3성 + 4성　：早饭 zǎofàn

　　3성 + 경성 ：喜欢 xǐhuan

발음

이때 3성은 반만 내려주기 때문에 낮은음이 밑에 깔려 있는 느낌이고 바로 다른 성조로 옮겨 읽으세요.

■ **不의 성조 변화**
不 뒤에 같은 4성이 오면 不가 2성으로 성조 변화가 생겨요. 不는 성조 변화가 일어나는 대로 성조 표기를 해요.

我不爱你 wǒ bù ài nǐ (×)　　　我**不**爱你 wǒ bú ài nǐ (○)
我不累 wǒ bù lèi (×)　　　　我**不**累 wǒ bú lèi (○)

■ **一의 성조 변화**
① 一 뒤에 1성, 2성, 3성이 오면 一 성조는 4성으로 성조 변화가 생겨요.

1성 + 1성 一杯咖啡 yībēikāfēi (×)	4성 + 1성 一杯咖啡 yìbēikāfēi (○)
1성 + 2성 一年 yīnián (×)	4성 + 2성 一年 yìnián (○)
1성 + 3성 一起 yīqǐ (×)	4성 + 3성 一起 yìqǐ (×)

② 一 뒤에 4성, 경성이 오면 一 성조는 2성으로 성조 변화가 생겨요.

1성 + 4성 一样 yīyàng (×)	2성 + 4성 一样 yíyàng (○)
1성 + 경성 一个 yīge (×)	2성 + 경성 一个 yíge (○)

※ 一는 성조 변화가 일어나는 대로 표기를 해요. 그리고 一는 서수, 숫자가 단독으로 나올 경우에는 변화하지 않아요.
第一课 dì yī kè

9. 성조 표기 방법
성조 표기는 운모 위에만 가능하고, 우선 순위는 모음 순서대로 표기해요.

a e o i u ü

你 ni → nǐ   来 lai → lái   好 hao → hǎo

단, iu/ui일 경우 무조건 끝에 성조를 표기해요.

对 dui → duì   酒 jiu → jiǔ   六 liu → liù

※ i 위에 점은 성조가 올라가는 경우 생략이 가능해요.

■ 격음부호

a, e, o로 시작되는 음절이 다른 음절 뒤에 바로 연결될 때, 음절의 경계를 명확하게 하기 위해서 격음부호(')를 표기해요.

可爱 kě'ài 커아이

首尔 Shǒu'ěr 셔우얼

天安门 Tiān'ānmén 티엔안먼

10. 儿화

운모 儿이 다른 운모와 하나의 음절을 이루어서 이 운모를 권설운모로 만드는 언어 현상을 말해요. 북경에서 시작된 儿화는 주로 북방 사람들이 많이 사용해요.

① 단어 끝이 a, o, e, i, u일 경우 뒤에 儿화를 만들 수 있어요.

小孩 xiǎohái   小孩儿 xiǎoháir 시아오할
xiǎohái + er → xiǎoháir

面包 miànbāo   面包儿 miànbāor 미엔빠올
miànbao + er → miànbāor

一块 yíkuài   一块儿 yíkuàir 이콰알
yíkuài + er → yíkuàir

② 단어 끝이 'an, ang + er'일 경우 儿화를 만들 수 있어요. 이때 n은 발음이 나지 않아요.

上班 shàngbān   上班儿 shàngbānr 샹빠알
shàngbān + er → shàngbānr

开门 kāiménr   开门儿 kāiménr 카이멀
kāimén + er → kāiménr

什么样 shénmeyàng   什么样儿 shénmeyàngr 션머얄

shénmeyàng + er → shénmeyàngr

③ 동사 / 명사

몇몇 단어들 중에서는 동사인 단어를 명사화할 때도 명사 뒤에 儿화를 시켜요.

동사	명사
画 huà 그리다	画儿 huàer 그림
盖 gài 덮다, 씌우다	盖儿 gàir 뚜껑

■ **발음 팁**

• 중국어 문장에는 띄어쓰기가 없어요.

• 처음에는 한어병음을 보고 연습하지만 최종적으로는 보지 않고 읽으세요.

• 중국어 발음의 특징은 끝까지 음을 완성시켜 주는 데 있어요.

  예를 들어,

  在 zài 짜이

  마지막에 있는 i의 소리까지 발음하세요.

• 외래어는 중국에서 만든 외래어 단어로 외우고 익히세요.

■ **성조 팁**

• 각각의 성조를 연습할 때 팔 동작을 이용하면 좋아요.

• 아주 짧은 문장부터 습관적으로 문장을 외우면 성조가 안정적으로 자리잡혀요.

• 중국어 녹음 파일을 자주 들으면서 따라 읽으세요.

你好!
Nǐ hǎo!
안녕하세요!

외국어를 배울 때 가장 먼저 배우는 것은 인사예요. 중국어도 마찬가지예요. 기본적인 인사말을 익혀두면 상대방과의 첫 만남이 어색하지 않고 커뮤니케이션을 할 수 있어요. 보통 인사를 할 때 자연스럽게 미소가 생기고 편안한 이미지를 심어 줄 수 있어요.

본문

대화 1 아침 인사(가장 짧은 인사)

冬冬
<ruby>早<rt>짜오</rt></ruby>！
Zǎo!

秀珍
<ruby>早<rt>짜오</rt></ruby>！
Zǎo!

'어? 이거 혹시 너무 짧고 예의 없는 것 아인가요?'라고 생각할 수도 있는데 그렇지 않아요. 그래도 예의를 갖추고 싶다면 '早' 앞에 '你'를 붙여 인사하면 되어요. '你早!' 이렇게요.

대화 2 기본 인사(대표적 인사)

冬冬
<ruby>你 好<rt>니 하오</rt></ruby>！
Nǐ hǎo!

秀珍
<ruby>你 好<rt>니 하오</rt></ruby>！
Nǐ hǎo!

'니'는 살짝 2성처럼 올리고 '하오'는 3성 그대로 유지해서 읽으세요.(3성의 성조 변화 참고)

새 단어

•早 zǎo 아침.
　† 그래서 '아침+밥'은 '早+饭 fàn(밥)'이에요.
•你 nǐ 너, 당신.
　† 중국 드라마에서 배우가 상대방에게 너무 화가 날 때 '你 nǐ'만 길게 말하기도 해요! 한국말로 '너~' 이런 느낌이에요.
•好 hǎo 안녕하다, 잘 지내다.
　† 인사에서 好는 '잘 지내다'의 의미예요.

해석
대화 1
동동 : 좋은 아침이에요!
수진 : 좋은 아침이에요!
대화 2
동동 : 안녕하세요!
수진 : 안녕하세요!

대화 3 단체 인사

冬冬
니먼 하오
你们好！
Nǐmen hǎo!

'니먼'은 '니' 3성을 깊게 눌러주고 '먼'은 경성이니 힘을 빼세요. 그리고 '하오' 3성을 읽으세요.

秀珍
智贤
니 하오　환잉　니
你好，欢迎你。
Nǐ hǎo, huānyíng nǐ.

'니 하오'에서 끊고 '환잉'에서 끊고 '니'로 읽으세요.

대화 4 헤어질 때 하는 인사

冬冬
짜이 찌엔
再见！
Zài jiàn!

앞 성조는 힘 있게 내려주고, 잠시 틈을 주고 뒤 성조에 힘을 내서 내려주세요.

秀珍
짜이 찌엔
再见！
Zài jiàn!

'자음 + i + an(엔)'으로 규칙 변화 생기는 거 잊지 않으셨죠?

- 你们 nǐmen 당신들.
  † '们'은 사람을 지칭하는 말 뒤에 붙어 복수를 나타내요.
- 欢迎 huānyíng 환영하다.
  † 이 단어는 음식점이나 중국 공항 큰 간판에서 많이 보실 수 있어요.
- 再 zài 다시, 또.
  † 중국어에서 z 발음은 한글의 'ㅈ'와 'ㅉ' 사이의 음이에요.
- 见 jiàn 만나다.

해석

대화 3
동동 : 여러분, 안녕하세요!
수진/지현 : 안녕하세요, 환영해요.

대화 4
동동 : 또 봐요!
수진 : 또 봐요!

① 중국어 인칭대명사

인칭대명사는 사람을 대신하는 명사라는 의미예요. 1인칭 뒤에 们을 붙이면 복수가 돼요.

인칭	단수	복수
1인칭	我 wǒ 나	我 + 们 wǒmen 우리
2인칭	你 nǐ 너, 당신 / 您 nín 당신(존칭)	你 + 们 nǐmen 너희들, 당신들
3인칭	他 tā 그 / 她 tā 그녀	他 + 们 tāmen 그들

사람을 직접 표현하는 '명사 + 们'을 붙여도 복수가 돼요. 예를 들어 '老师 lǎoshī + 们 men'이라고 하면 '선생님들'이 돼요.

■ 인칭대명사를 잘 외우는 팁

我爱你。Wǒ ài nǐ. 워 아이 니 '나는 너를 사랑해.'라는 문장을 통해서 외우면 좋아요. 온라인 혹은 모바일 단톡방에서는 새로운 친구를 환영한다는 인사로 '欢迎你! Huānyíng nǐ!'라는 문장도 자주 사용해요. 자~ 한번 풀어볼까요?

나는 그를 사랑해. → 我爱他。Wǒ ài tā.

우리는 너를 사랑해. → 我们爱你。Wǒmen ài nǐ.

너는 나를 사랑해. → 你爱我。Nǐ ài wǒ.

② 중국어의 인사

중국에서는 상황별, 시간별 인사들이 있어요. 규칙적으로 만나는 관계일 경우에는 상황과 시간에 맞는 인사를 해요. 특히 회사 출근할 때 아침인사를 많이 해요.

• 가볍게 할 때

　早！Zǎo! 좋은 아침입니다!

• 처음 만나는 자리일 때(상황)

　初次见面！Chūcì jiànmiàn! 처음 뵙겠습니다!

 새 단어

• 我 wǒ 나, 저.
• 他 tā 그.
• 她 tā 그녀.　†이때 한자의 왼쪽을 보면 '여자(여)'가 있어요!
• 老师 lǎoshī 선생님.　†师 shī 발음 주의!

③ 好의 의미

인사를 할 때 '好 hǎo'를 사용하는데 여기서 '好 hǎo'의 의미는 '잘 지내다, 안녕하다'라는 뜻으로 사용되어요.

대상 + 好	你 + 好 / 老师 + 好
	nǐ hǎo / lǎoshī hǎo
	안녕하세요 / 선생님 안녕하세요

시간 + 好	中午 + 好 / 晚上 + 好
	zhōngwǔ hǎo / wǎnshang hǎo
	(12시 점심 인사 / 저녁 6시 이후 인사)

④ 예의를 갖추고 싶을 때는?

상대방의 호칭을 붙이고 인사하는 방법과 你의 높임말인 您을 你 대신 사용하는 방법이에요.

- 첫 번째 방법 : 老师好!
  Lǎoshī hǎo!

- 두 번째 방법 : 您好!
  Nín hǎo!

⑤ 헤어질 때 인사

헤어질 때 하는 인사는 '다시 보자'라는 의미로 '再见'이라고 해요. 하지만 영어식 발음 byebye인 '拜拜 bàibai'도 있어요. 만약에 고정적으로 만나는 관계이거나 특정한 시간에 만나기로 약속을 정했다면 '시간 + 见'으로 표현해요.

시간 + 见

明天 + 见 Míngtiān jiàn! 내일 만나요!

- 爱 ài 사랑하다.
- 见面 jiànmiàn 만나다, 대면하다.
- 晚上 wǎnshang 저녁.
- 明天 míngtiān 내일.

- 初次 chūcì 처음, 첫 번.
- 中午 zhōngwǔ 점심.
- 您 nín 당신(존칭).

● 성조가 완전해졌다면 이번에는 중국어 한자만 보고 한어병음을 읽으세요.

대화1

• 아침 인사

冬冬　早！

秀珍　早！

좋은 아침이에요!　　좋은 아침이에요!

대화2

• 기본 인사

冬冬　你好！

秀珍　你好！

안녕하세요!　　안녕하세요!

대화3

• 단체 인사(온라인상에서 단체 인사로도 가능해요.)

冬冬　你们好！

秀珍　你好，欢迎你。
智贤

여러분, 안녕하세요!　　안녕하세요, 환영해요.

대화4

• 헤어질 때 하는 인사

冬冬　再见！

秀珍　再见！

또 봐요!　　또 봐요!

我	wǒ 나, 저	一 二 手 手 我 我 我
早	zǎo 아침	丨 口 日 日 旦 早
你	nǐ 너, 당신	丿 亻 亻 你 你 你 你
好	hǎo 안녕하다, 잘 지내다	乀 乂 女 女 好 好
他	tā 그	丿 亻 仆 他 他
再	zài 다시, 또	一 厂 厅 月 再 再
见	jiàn 만나다	丨 冂 贝 见
欢迎	huānyíng 환영하다	乛 又 X 欢 欢 欢 丶 乚 卬 卬 迎 迎 迎

듣기

1. 녹음을 듣고 한국어로 의미를 적으세요.

① 你好! _____

② 早! _____

③ 再见! _____

④ 你们好! _____

2. 녹음을 듣고 한어병음을 적으세요.

① 他们 _____

② 好 _____

③ 见 _____

④ 我 _____

쓰기

3. 성조를 쓰세요.

① 好 _____

② 我们 _____

③ 他 _____

④ 见 _____

NOTE

1.
① 你 nǐ 너, 당신
② 早 zǎo 아침
③ 再 zài 다시, 또
④ 你们 nǐmen 당신
   들

2.
① 그들
② 안녕하다, 잘 지내
   다
③ 만나다
④ 나, 저

3.
① hao
② women
③ ta
④ jian

정답

 1. ① 안녕하세요!　② 좋은 아침이에요!　③ 또 봐요!　④ 여러분, 안녕하세요!
2. ① tāmen　② hǎo　③ jiàn　④ wǒ

4. 한어병음을 쓰세요.

① 早　　　_____

② 欢迎　　_____

③ 你们　　_____

④ 再　　　_____

5. 한자를 쓰세요.

① 아침　　_____

② 우리　　_____

③ 그녀　　_____

④ 만나다　_____

NOTE

4.
① 아침
② 환영하다
③ 당신들
④ 다시, 또

5.
① zǎo
② wǒmen
③ tā
④ jiàn

 한자 클리닉

간체자는 앞서 설명했듯이 복잡했던 한자를 간략화시켰기 때문에 한자의 패턴과 구성을 알아두면 한자의 두려움을 극복할 수 있어요.

▶ 우선 한자의 구성 요소가 몇 개인지 파악한다.
기초 단계에서 사용하는 한자는 2개 혹은 3개로 구성된 것이 많은데, 위아래 구조인지 아니면 왼쪽 오른쪽 평행하게 한자가 놓여 있는 것인지 확인하세요.

早　见　　早 zǎo / 见 jiàn : 위아래 나눠져 있는 구조

你　好　　你 nǐ / 好 hǎo : 왼쪽 오른쪽 나란히 평행 구조(왼쪽부터 쓰세요.)

쓰기　3. ① 好 3성　② 我们 3성/경성　③ 他 1성　④ 见 4성
　　　4. ① zǎo　② huānyíng　③ nǐmen　④ zài
　　　5. ① 早　② 我们　③ 她　④ 见

중국의 인사

앞서 이야기했듯이 중국은 대표적인 인사 '你好! Nǐ hǎo! 니 하오' 이외에도 시간대별 인사가 있어요.

우선 만났을 때 하는 인사는 크게 오전과 저녁으로 나눌 수 있어요.
오전에 누군가를 만난다면 '早! Zǎo! 짜오' 혹은 '早上好! Zǎoshang hǎo! 짜오상 하오'라고 인사해요. 보통 저녁 6시 이후라면 '晚上好! Wǎnshang hǎo! 완상 하오'라고 인사해요.

헤어지는 인사들도 여러 가지가 있어요.
앞서 배운 '再见! Zàijiàn! 짜이지엔' 이외에 '慢走! Màn zǒu! 만 조우'라는 것이 있는데, 이 인사 표현은 '천천히 가라'는 의미로서 상대방을 좀 더 배려하는 인사예요. 그리고 요즘 유튜브 동영상 많이 보시죠. 동영상 마지막에 하는 인사는 '下次再见! Xiàcì zàijiàn! 시아 츠 짜이지엔'이라고 하는데 '다음에 다시 만나요!'라는 의미예요.

마지막으로 수업을 마치고 '수고했다!'는 인사말은 '辛苦了! Xīnkǔle! 씬쿠러'라고 해요. '辛 xīn 씬'은 '맵다', '苦 kǔ 쿠'는 '쓰다'인데 '고생했다'는 말을 표현한 것이에요.

第 二 课

dì èr kè

我是韩国人。

Wǒ shì Hánguórén.

저는 한국인이에요.

你是学生吗?
당신은 학생인가요?

我 不 是 学 生, 是 公司职员。
저는 학생이 아니에요, 회사원이에요.

我不是中国人, 是韩国人。
저는 중국 사람이 아니에요, 한국사람이에요.

你是中国人吗?
당신은 중국 사람인가요?

你是不是老板?
당신은 사장님이시죠?

不是, 我是家庭主妇。
아니요, 저는 가정주부예요.

你是哪国人?
당신은 어느 나라 사람이에요?

我是韩国人。
저는 한국 사람이에요.

1과에서 간단히 인사를 나눌 수 있었다면 2과에서는 본격적으로 중국어의 회화에 입문해요. 是 동사를 사용해서 간단하게 묻고 대답하는 연습을 집중해서 공부해요. '나는 나다. 我是我.' '당신은 당신이다. 你是你.' 등 중국어 회화에서 매우 중요한 동사 是를 사용해서 대화의 꽃을 피워요.

본문

대화 1

冬冬
니 슬 쉬웨성 마
你是学生吗?
Nǐ shì xuéshēng ma?

你의 3성과 是의 4성 높낮이 폭을 넓게 해주세요. 是는 4성이니까 강하게 포인트를 주면서 문장을 읽으면 좋아요.

秀珍
워 부 슬 쉬웨성 슬 꽁스 즐위엔
我不是学生,是公司职员。
Wǒ bú shì xuéshēng, shì gōngsī zhíyuán.

不와 是는 성조 변화 규칙으로 不는 2성으로 바뀌고 是은 4성 그대로 읽는데, 이때 산에 올라갔다 내려온다는 느낌을 살려서 읽어주세요.

대화 2

冬冬
니 슬 쭝궈런 마
你是中国人吗?
Nǐ shì Zhōngguórén ma?

吗는 질문을 한다는 표시이니 그 부분에서 힘을 빼주면서 살짝 올려서 읽어주세요.

秀珍
워 부 슬 쭝궈런 슬 한궈런
我不是中国人,是韩国人。
Wǒ bú shì Zhōngguórén, shì Hánguórén.

韩国人 단어 정도는 반드시 쓸줄 알아야 하잖아요. 2 2 2 성조 꼭 기억해 주세요.

 새 단어

• 是 shì ～이다. †너무 중요한 동사임! 단독으로 쓰일 때는 'yes 네'라는 의미를 갖고 있어요.
• 学生 xuéshēng 학생. †学가 들어간 단어는 공부와 관련이 있다는 것을 기억하세요.
• 吗 ma ～입니까? †의문을 표시함.
• 不 bù ～이 아니다. †중국어에서 현재 상태 혹은 가까운 미래를 부정할 때 사용해요.
• 公司职员 gōngsī zhíyuán 회사원, 직장인. †公司는 '회사'란 단어이고, 职员은 '직원'이란 단어예요.
• 国 guó 국가, 나라.
• 中国 Zhōngguó 중국.

해석

대화 1
동동 : 당신은 학생인가요?
수진 : 저는 학생이 아니에요, 회사원이에요.

대화 2
동동 : 당신은 중국 사람인가요?
수진 : 저는 중국 사람이 아니에요, 한국 사람이에요.

대화 3

冬冬
니 슬 부 슬 라오빤
你是不是老板？
Nǐ shì bú shì lǎobǎn?

> '니'에서 끊고 '슬 부 슬'에서 끊고 '라오빤'으로 읽으세요. '슬 부 슬' 부분은 위에서 아래로 내려갔다가 탄력받고 다시 튕겨 올라가듯 리듬을 타주세요.

秀珍
부 슬 워 슬 지아팅 주우푸
不是，我是家庭主妇。
Bú shì, wǒ shì jiātíng zhǔfù.

> 家庭主妇 이 단어의 시작은 家가 1성이니까 평온하게 1성을 유지한 후에 2성으로 살짝 끌어올렸다가 主妇(3성 4성) 내린 후 마지막에서 힘줘서 내려서 읽어주세요.

대화 4

冬冬
니 슬 나궈런
你是哪国人？
Nǐ shì nǎguórén?

> 哪国人을 읽을 때는 哪를 낮은음으로 잡아주고, 国人을 연속으로 부드럽게 끌어올려 읽어주세요.

秀珍
워 슬 한궈런
我是韩国人。
Wǒ shì Hánguórén.

> '워 슬'에서 끊고 '한궈런'으로 읽으세요. '한궈런'은 2성이 세 번 연속되는데, 2성을 세 번 끌어올리듯이 읽으세요.

- 人 rén 사람, 인간.
- 韩国 Hánguó 한국. †2성과 2성인데, '한'에서 올리고, '구'에서도 올려주세요.
- 老板 lǎobǎn 주인, 사장님. †자영업을 운영하는 분들을 부르는 호칭이에요.
- 家庭主妇 jiātíng zhǔfù 가정주부. †家庭은 '가정'이란 뜻이고, 主妇는 '주부'라는 뜻인데 합쳐져서 '가정주부'라고 해요. 그냥 줄여서 主妇라고도 해요.
- 哪 nǎ 어느, 어떤, 어디. †여러 개 중에 한 개를 선택하는 의문대명사예요.

해석

대화 3
동동 : 당신은 사장님이시죠?
수진 : 아니요, 저는 가정주부예요.

대화 4
동동 : 당신은 어느 나라 사람이에요?
수진 : 저는 한국 사람이에요.

① 만능박사 동사 是

동사 是는 동작이 없는 동사예요. 'A 是 B' 형태로 쓰이면 'A는 B이다'라는 객관적인 정보를 확인 판단시켜 주는 역할을 해요. 영어의 be동사와 같은 역할을 해요.

• 긍정문

　A 是 B

我**是**韩国人。 Wǒ shì Hánguórén.　저는 한국인이에요.

• 부정문

부정문은 是 앞에 '不 bù'를 붙이세요.

'不 bù'는 동사 · 형용사 앞에서 현재 사실 혹은 미래 의지를 부정해요. 다만 문장을 읽을 때 '不 bù' 성조 변화 규칙을 지켜주세요. (不의 성조 변화 참고)

　A 不是 B

我**不是**中国人。 Wǒ bú shì Zhōngguórén.　저는 중국인이 아니에요.

☆ 是 이해하기 쉬운 문장

我是我。 Wǒ shì wǒ.　나는 나다.

我不是你。 Wǒ bú shì nǐ.　나는 당신이 아니다.

你不是我。 Nǐ bú shì wǒ.　당신은 내가 아니다.

② 일반 의문문/정반 의문문

• 일반 의문문

문장 끝에 '吗 ma'를 붙이세요.

　A 是 B 吗?

你**是**公务员**吗**? Nǐ shì gōngwùyuán ma?　당신은 공무원이에요?

• 정반 의문문

'是 + 不是'와 같이 긍정과 부정을 순서대로 붙이면 '~이죠?'라는 뜻의 추측하거나

 새 단어

•公务员　gōngwùyuán　공무원.

확인하는 질문이 돼요.

문장 끝에 吗는 중복하지 않아요.

他**是不是**日本人? Tā shì bú shì Rìběnrén? 그는 일본인이죠?

만약 '是不是?'만 단독으로 말한다면 '그렇죠?'라는 의미가 돼요! 확인하고자 하는 의도가 있어요.

③ 의문대명사 哪

'哪 nǎ'는 '어느'라는 의미로 '哪 nǎ + 国 guó'를 합치면 구체적으로 어느 국적인지를 묻는 것이 돼요.

의문대명사 哪가 들어간 문장에 吗는 중복하지 않아요.

你是哪国人吗? (×)   你是哪国人? (○)
Nǐ shì nǎ guó rén ma?   Nǐ shì nǎ guó rén?

당신은 어느 나라 사람이에요?

☆ 대답하기 팁

A : 你是韩国人吗? Nǐ shì Hánguórén ma? 당신은 한국인이에요?

B : **是**，我是韩国人。 Shì, wǒ shì Hánguórén. 네, 저는 한국인이에요.

만약에 사실에 맞으면 是를 먼저 입에서 내뱉어요. 그 후에 다시 주어부터 여유를 가지고 이야기하세요.

부정도 같은 패턴으로 하시면 돼요.

A : 你是中国人吗? Nǐ shì Zhōngguórén ma? 당신은 중국인이에요?

B : **不是**，我是韩国人。 Bú shì, wǒ shì Hánguórén. 아니요, 저는 한국인이에요.

■ 미니 설명

중국어의 주어 생략 → 동일한 주어이고 문장이 2개 이상 이어질 때는 두 번째 문장부터는 주어를 생략하고 말해요.

我是韩国人，是学生。 Wǒ shì Hánguórén, shì xuéshēng. 저는 한국인이고, 학생입니다.

• 日本 Rìběn 일본.

◑ 성조가 완전해졌다면 이번에는 중국어 한자만 보고 한어병음을 읽으세요.

대화1

冬冬　你是学生吗？

秀珍　我不是学生，
　　　是公司职员。

당신은 학생인가요？　저는 학생이 아니에요，회사원이에요.

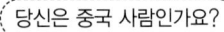

대화2

冬冬　你是中国人吗？

秀珍　我不是中国人，
　　　是韩国人。

당신은 중국 사람인가요？　저는 중국 사람이 아니에요, 한국 사람이에요.

대화3

冬冬　你是不是老板？

秀珍　不是，我是家庭主妇。

당신은 사장님이시죠？　아니요, 저는 가정주부예요.

대화4

冬冬　你是哪国人？

秀珍　我是韩国人。

당신은 어느 나라 사람이에요？　저는 한국 사람이에요.

是	shì ~이다	日 日 旦 早 旱 是 是
是		

吗	ma ~입니까?	ㅣ ㅁ ㅁ 吗 吗 吗
吗		

哪	nǎ 어느, 어떤, 어디	ㅁ 叮 叮 叩 吧 哪 哪
哪		

国	guó 국가, 나라	冂 冂 冃 用 国 国 国
国		

人	rén 사람, 인간	ノ 人
人		

学生	xuéshēng 학생	﹀ ﹀﹀ ﹀﹀﹀ 兴 学 学 学 ノ ﹅ 二 牛 生
学生		

中国	Zhōngguó 중국	ㅣ 口 口 中 冂 冂 冃 用 国 国 国
中国		

韩国	Hánguó 한국	一 十 古 吉 卓 乾 韩 冂 冂 冃 用 国 国 国
韩国		

확인 테스트

 듣기

1. 녹음을 듣고 한국어로 의미를 적으세요.

① 我是韩国人。 _____

② 他不是学生。 _____

③ 你是中国人吗？ _____

④ 你是不是老板？ _____

2. 녹음을 듣고 한어병음을 적으세요.

① 中国人 _____

② 家庭主妇 _____

③ 学生 _____

④ 日本 _____

 쓰기

3. 성조를 쓰세요.

① 是 _____

② 中国 _____

③ 不是 _____

④ 老板 _____

NOTE

1.
① 是 shì ~이다
② 不是 bú shì ~이 아니다
③ 吗 ma ~입니까?
④ 老板 lǎobǎn 주인, 사장님

2.
① 중국인
② 가정주부
③ 학생
④ 일본

3.
① shi
② Zhongguo
③ bu shi
④ laoban

정답

듣기 1. ① 저는 한국인이에요. ② 저는 학생이 아니에요. ③ 당신은 중국인이에요? ④ 당신은 사장님이시죠?

2. ① Zhōngguórén ② jiātíng zhǔfù ③ xuéshēng ④ Rìběn

쓰기 3. ① 是 4성 ② 中国 1성/2성 ③ 不是 2성/4성 ④ 老板 3성/3성

4. 한어병음을 쓰세요.

① 韩国人 _____

② 公司职员 _____

③ 学生 _____

④ 哪 _____

5. 한자를 쓰세요.

① 가정주부 _____

② 중국인 _____

③ 사장님 _____

④ 일본인 _____

NOTE

4.
① 한국인
② 회사원
③ 학생
④ 어느, 어떤

5.
① jiātíng zhǔfù
② Zhōngguórén
③ lǎobǎn
④ Rìběnrén

모바일 파트

핸드폰의 메모나 카카오톡 나에게 보내기를 통해 마지막으로 총정리 해봐요.

1. 저는 한국인입니다.
2. 그는 중국인이 아닙니다.
3. 당신은 중국인입니까?

힌트

1. 주어를 먼저 생각하고 바로 '~이다'라는 동사 是로 고정시키세요. 마지막에 한국인 단어를 넣으세요.
2. 3인칭 주어를 생각해야겠죠. 그런데 이 문장은 부정문이니까 '不是' 하고 중국인 단어를 넣으세요.
3. 2인칭 주어 떠올리고 그 다음에는 동사 是와 중국인 단어를 넣는데, 이 문장은 질문하는 것이니까 문장 끝에 吗를 넣고 물음표 하세요.

4. ① Hánguórén   ② gōngsī zhíyuán   ③ xuéshēng   ④ nǎ
5. ① 家庭主妇   ② 中国人   ③ 老板   ④ 日本人
모바일 1. 我是韩国人。   2. 他不是中国人。   3. 你是中国人吗?

중국 북방과 남방의 차이

	북방 사람	남방 사람
기후	춥고 쌀쌀함	덥고 따뜻함
주식	밀가루 음식	쌀밥
발음	儿화 사용이 많고 성조의 높낮이가 뚜렷하고 발음이 표준어에 근접함	儿화 사용이 적고 성조의 높낮이가 유연하며 발음은 콧소리가 분명하지 않고 사투리가 많음
음식	음식의 양이 많고 종류는 다소 적음	음식의 양이 적고 종류는 많음

북방 사람 음식:

베이징 오리구이(北京烤鸭, Běijīng kǎoyā)

훠궈(火锅, huǒguō)

냉면(冷面, lěngmiàn)

남방 사람 음식:

동파육(东坡肉, dōngpōròu)

딤섬(点心, diǎnxin)

볶음밥(炒饭, chǎofàn)

第三课

dì sān kè

这是什么?

Zhè shì shénme?

이것은 무엇이에요?

여행 가면 새로운 물건들과 음식들을 보게 돼요. 이때 궁금함과 호기심을 해소하기 위해서 필요하면서도 간단하게 도움이 될 만한 회화를 공부해요. 현지에서 현지인을 만나면 바로 나올 수 있게 반복적으로 많이 연습하세요.

본문

대화 1

冬冬
쩌 슬 션머
这是什么？
Zhè shì shénme?

'쩌 슬'에서 단호히 끊고, 남은 힘으로 '션머'를 올리세요.

秀珍
쩌 슬 셔우지
这是手机。
Zhè shì shǒujī.

'져 슬'에서 단호히 스피디하게 끊고, 手가 3성이니 음을 낮췄다가 '机 1성'에서 살짝 길게 빼주세요.

대화 2

冬冬
나 슬 션머
那是什么？
Nà shì shénme?

'나 슬'에서 끊어주고 '션머'에서 올리세요. '那 nà'하고 '是 shì'은 '4성 + 4성'으로 나란히 있기에 음을 높게 잡고 힘을 넣어서 내려주세요.

秀珍
나 슬 슈
那是书。
Nà shì shū.

书는 입을 앞으로 쭈욱 내민 체 '슈우~'로 살짝 길게 1성의 느낌을 살려 유지해 주세요.

 새 단어

• 这 zhè 이, 이것.
  † 나와 가까운 곳에 위치한 물건 혹은 가까이에 있는 사람을 가리킬 때 사용해요.
• 什么 shénme 무엇.
  † 밖이 너무 시끄럽고 상대방의 말이 잘 안 들리는 상황. '什么? 뭐요?'
• 手机 shǒujī 핸드폰.
  † 手는 '손'이고 机는 '기계'라는 의미가 합쳐진 단어예요.
• 那 nà 저, 저것, 그러면, 그렇다면.
  † 손에 닿지 않은 위치에 있는 물건 혹은 멀리 있는 사람을 가리킬 때 사용해요.

해석

대화 1
동동 : 이것은 무엇이에요?
수진 : 이것은 핸드폰이에요.

대화 2
동동 : 저것은 무엇이에요?
수진 : 저것은 책이에요.

대화 3

冬冬　　你吃什么？
　　　　니　츨　셔머
　　　　Nǐ chī shénme?

'니 츨'에서 끊어주고 남은 힘으로 '셔머'를 올려주세요. '吃 chī'은 끝이 'ㄹ' 발음이 나도록 혀를 안쪽으로 구부려 주세요.

秀珍　　我吃面包。
　　　　워　츨　미엔빠오
　　　　Wǒ chī miànbāo.

'워 츨'에서 끊고 面이 4성이니까 높고 강하게 내리고, '빠 1성'은 살짝 길게 유지해 주세요.

대화 4

冬冬　　他是谁？
　　　　타　슬　쉐이
　　　　Tā shì shéi?

'타 슬'에서 끊어주고 남은 힘으로 올려주세요. '谁 쉐이' 발음이 잘 안될 때는 음료수 쉐이크를 떠올리세요.

秀珍　　他是我的朋友。
　　　　타　슬　워　더　펑여우
　　　　Tā shì wǒ de péngyou.

'타 슬'에서 끊어주고 我的에서 的는 힘을 빼고, 朋友는 '펑'에 힘을 힘껏 실은 후 '여우'에서 힘을 빼주세요.

- 书 shū 책, 서적.
  † '슈크림' 할 때 '슈우~' 발음으로 기억하세요.
- 吃 chī 먹다.
  † '츠~' 권설음(혀끝을 윗잇몸 또는 센입천장 쪽으로 말아 올리면서 내는 소리)에 주의해 주세요.
- 面包 miànbāo 빵.
- 谁 shéi 누구.
- 的 de ~의.
- 朋友 péngyou 친구.
  † '펑'에 힘을 실어 소리를 올려주고 '여우'에서 힘을 빼주세요.

해석

대화 3
동동 : 당신은 무엇을 먹어요?
수진 : 저는 빵을 먹어요.

대화 4
동동 : 그는 누구예요?
수진 : 그는 나의 친구예요.

1 지시대명사

가까운 것	멀리 있는 것
这 zhè	那 nà
这些 zhèxiē (복수)	那些 nàxiē (복수)

这是什么? Zhè shì shénme? 이것은 무엇이에요? (오직 1개를 가리킬 때)

这些是什么? Zhèxiē shì shénme? 이것들은 무엇이에요? (2개 이상을 가리킬 때)

■ 호기심 의문대명사 什么 shénme (불투명 → 투명)

의문대명사 什么는 궁금했던 호기심을 해소해 줍니다.

A : 你喝**什么**? Nǐ hē shénme? 당신은 무엇을 마셔요?

B : 我喝茶。 Wǒ hē chá. 저는 차를 마셔요.

A : 你学**什么**? Nǐ xué shénme? 당신을 무엇을 배워요?

B : 我学汉语。 Wǒ xué Hànyǔ. 저는 중국어를 배워요.

☞ '汉语 Hànyǔ'라는 발음이 좀 어려우면 중국어의 다른 단어 '中文 Zhōngwén'이라고 해도 돼요.

A : 你买**什么**? Nǐ mǎi shénme? 당신은 무엇을 사세요?

B : 我买可乐。 Wǒ mǎi kělè. 저는 콜라를 사요.

2 누구인지 알고 싶을 때 쓰는 의문대명사 谁

他是**谁**? Tā shì shéi? 그는 누구예요?

他是我的朋友。 Tā shì wǒ de péngyou. 그는 나의 친구예요.

我是**谁**? Wǒ shì shéi? 내가 누구게?

새 단어

- 这些 zhèxiē 이것들.
- 那些 nàxiē 저것들.
- 喝 hē 마시다.
- 茶 chá 차.
- 学 xué 배우다.
- 买 mǎi 사다, 구입하다.
- 可乐 kělè 콜라.
- 汉语 Hànyǔ 중국어. † 汉은 중국 '한족'을 가리키고, 语는 '언어'라는 뜻이 합쳐진 의미예요.
- 同事 tóngshì 회사 동료.

3 조사 的

的는 대표적으로 '~의'라는 뜻을 가진 조사인데, 단어와 단어 사이를 끈끈하게 이어주는 역할을 해요.

① 소유의 관계를 이어주는 的

我的书 wǒ de shū 나의 책

② 인간관계를 이어주는 的

我的同事 wǒ de tóngshì 나의 회사 동료

③ 나와 관계된 기타 모든 것들

我的工作 wǒ de gōngzuò 나의 일(직장)

我的生活 wǒ de shēnghuó 나의 생활

的는 자신의 존재를 보이지 않을 때도 있어요. 그 이유는 的를 사용하지 않아도 될 만큼 나와 친밀하게 연결되어 있기 때문이에요.

① 주어 + 신체

我身体 wǒ shēntǐ 내 신체

② 주어 + 가족(직계 가족)

我妈妈 wǒ māma 우리 엄마

③ 주어 + 가까운 관계(친한 친구/ 애인)

我男朋友 wǒ nán péngyou 내 남자 친구

④ 주어 + 회사, 학교 소속기관

我们公司 wǒmen gōngsī 우리 회사   我们学校 wǒmen xuéxiào 우리 학교

■ 사람 + 的(~의 것)

这是谁的? Zhè shì shéi de? 이것은 누구 것이에요?

这是我的。 Zhè shì wǒ de. 이것은 제 것이에요.

妈妈的。 Māma de. 이것은 엄마 것이에요.

老师的。 Lǎoshī de. 이것은 선생님 것이에요.

• 工作 gōngzuò 일, 직업.   • 生活 shēnghuó 생활, 생활하다.
• 身体 shēntǐ 신체, 건강. † 건강의 의미로 많이 사용해요.
• 妈妈 māma 엄마.   • 男 nán 남자.
• 公司 gōngsī 회사. † 1성과 1성이 연달아 나올 경우는 앞의 1성은 짧고 빠르게 지나치고 다음 발음으로 넘어가세요.
• 学校 xuéxiào 학교. † 学가 들어가면 '공부'와 관련 있다고 언급했었죠?

◐ 성조가 완전해졌다면 이번에는 중국어 한자만 보고 한어병음을 읽으세요.

대화1

冬冬　这是什么？

秀珍　这是手机。

이것은 무엇이에요?　이것은 핸드폰이에요.

대화2

冬冬　那是什么？

秀珍　那是书。

저것은 무엇이에요?　저것은 책이에요.

대화3

冬冬　你吃什么？

秀珍　我吃面包。

당신은 무엇을 먹어요?　저는 빵을 먹어요.

대화4

冬冬　他是谁？

秀珍　他是我的朋友。

그는 누구예요?　그는 나의 친구예요.

这	zhè 이, 이것	、一ナ文文这这
这														

那	nà 저, 저것	コ ヲ ヲ 月 那 那
那														

书	shū 책, 서적	一 ⼸ 书 书
书														

谁	shéi 누구	、讠讠讠许许许谁谁
谁														

的	de ~의	′ ⼎ ⼎ 白 白 的 的 的
的														

什么	shénme 무엇	ノ イ イ 什　　　ノ 厶 么
什 么												

身体	shēntǐ 신체, 건강	′ ⼎ ⼎ 身 身 身 身　ノ イ イ 什 付 体 体
身 体												

朋友	péngyou 친구	月 月 月 朋 朋 朋 朋　一 ナ 方 友
朋 友												

듣기

1. 녹음을 듣고 한국어로 의미를 적으세요.

① 这是什么? _____

② 这是书。 _____

③ 他是谁? _____

④ 他是我的朋友。 _____

2. 녹음을 듣고 한어병음을 적으세요.

① 那是什么? _____

② 那是手机。 _____

③ 你是谁? _____

④ 我吃面包。 _____

쓰기

3. 성조를 쓰세요.

① 谁 _____

② 我的朋友 _____

③ 汉语 _____

④ 手机 _____

정답

듣기 1. ① 이것은 무엇이에요? ② 이것은 책이에요. ③ 그는 누구예요? ④ 그는 나의 친구예요.
2. ① Nà shì shénme? ② Nà shì shǒujī. ③ Nǐ shì shéi? ④ Wǒ chī miànbāo.
쓰기 3. ① 谁 2성 ② 我的朋友 3성/경성/2성/경성 ③ 汉语 4성/3성 ④ 手机 3성/1성

4. 한어병음을 쓰세요.

① 这 _____

② 谁的 _____

③ 学 _____

④ 手机 _____

5. 한자를 쓰세요.

① 무엇 _____

② 친구 _____

③ 이것 _____

④ 누구 _____

NOTE

4.
① 이, 이것
② 누구 것
③ 배우다
④ 핸드폰

5.
① shénme
② péngyou
③ zhè
④ shéi

모바일 파트 ....

핸드폰의 메모나 카카오톡 나에게 보내기를 통해 마지막으로 총정리 해봐요.

1. 이것은 무엇이에요?
2. 당신은 누구세요?
3. 그는 저의 친구예요.

힌트

1. 주어는 가까운 것을 가리키는 这를 떠올리고 바로 是로 중심을 잡으세요. 이 질문은 무엇 자체가 궁금하기 때문에 '무엇'에 해당하는 什么로 의문을 대신해요.
2. 주어 '당신'인 你 다음 바로 是로 중심을 잡아주고, 누구인지 물어보는 질문이니까 谁를 넣고 물음표 하세요.
3. 주어는 '그' 他이고 是로 중심을 잡아주고, '저의'는 소유격 조사 的를 저와 친구 사이에 넣으세요.

---

4. ① zhè　② shéi de　③ xué　④ shǒujī
5. ① 什么　② 朋友　③ 这　④ 谁

모바일 1. 这是什么?　2. 你是谁?　3. 他是我的朋友。

중국 속으로

보이차 성지 윈난(云南)

    중국 유학 시절에 친구와 윈난(云南)으로 배낭여행을 갔어요. 소수민족을 직접 만나서 문화체험을 했던 것이 지금도 기억에 생생하게 남아요. 쿤밍(昆明)을 시작으로 리쟝(丽江), 따리(大理), 시솽반나(西双版纳)까지 여행을 했어요.

    출발은 비행기로 6시간 반을 타고 쿤밍에 도착해서 버스로 이동했어요. 쿤밍에서 다른 도시들로 이동할 때는 버스를 이용했는데, 마지막 여행지 시솽반나(西双版纳)까지는 누워서 가는 버스를 타고 이동했어요.

    돌아올 때는 이틀 반 동안 침대가 있는 기차를 타고 왔는데, 절대 지루할 틈이 없고 오히려 중국의 慢慢的(만만디)처럼 천천히 흘러가는 시간을 느낄 수 있어요.

- 위치 : 중국 서남쪽 사천성(四川省)과 가까이 있어요.
- 기후 : 4계절 내내 따듯해요. 그러나 저녁때는 기온이 급격히 떨어지니 일교차에 주의해야 해요.
- 민족 : 윈난(云南)에는 25개의 소수민족이 살아요.

第 四 课

dì sì kè

你叫什么名字?

Nǐ jiào shénme míngzi?

당신의 이름은 무엇이에요?

자기소개를 할 때 인사하고 난 다음에 보통 '내 이름은 ○○○예요.'라고 말하잖아요? 또한 만남에서 서로 이름을 묻고 대답하면 심리적으로 가까워지는 것을 느낄 수 있어요. 여러분 주민등록증에 보면 한 글 이름 옆에 한자가 있잖아요? 이 과에서는 자기의 중국어 이름도 찾아보고 또 중국어 이름으로 말하 는 연습도 같이 해요.

대화 1 성만 물어보기

秀珍
니 씽 셔머
你 姓 什么?
Nǐ xìng shénme?

> '니 씽'에서 끊어주고 '셔머'에서 살짝 올리세요.

冬冬
워 씽 찐
我 姓 金。
Wǒ xìng Jīn.

> '워 씽'에서 끊어주고 '찐'에서 1성을 유지하세요.

대화 2 이름만 물어보기

秀珍
니 찌아오 셔머
你 叫 什么?
Nǐ jiào shénme?

> '니 찌아오'에서 끊어주고 '셔머'에서 살짝 올리세요.

冬冬
워 찌아오 동동
我 叫 冬冬。
Wǒ jiào Dōngdōng.

> '워 찌아오'에서 끊고 '동동'으로 읽으세요.

새 단어

- 姓 xìng 성이 ～이다.
  † 패밀리 네임이라고 하죠. 我姓～
- 叫 jiào ～라고 불리다.
  † 叫는 '이름이 ～이다'라는 뜻이에요. 성과 이름을 모두 말할 때는 '我叫 성 + 이름'이라고 하면 돼요.
- 名字 míngzi 이름.
  † '字 zi' 발음 규칙 변화에 주의하세요! 'z. c. s + i'는 '으'로 발음 규칙 변화한다는 거 다시 체크!
- 认识 rènshi 알다, 인식하다.
  † 사람을 안다. 认识 뒤에 대상(사람)이 와요.

해석

대화 1
수진 : 당신의 성은 무엇이에요?
동동 : 저는 성이 김씨예요.

대화 2
수진 : 당신의 이름은 무엇이에요?
동동 : 저는 성이 김씨이고, 이름은 동동이에요.

 대화 3 '성+이름' 전체 이름 물어보기

秀珍
니 찌아오 션머 밍즈
你 叫 什么 名字?
Nǐ jiào shénme míngzi?

'니 찌아오'에서 끊고 '션머'에서 다시 끊고 '밍즈'로 읽으세요.

冬冬
워 찌아오 찐 동동
我 叫 金 冬冬。
Wǒ jiào Jīn Dōngdōng.

'워 찌아오'에서 끊고 '동동'은 평평하게 1성을 유지하세요.

 대화 4

秀珍
런슬 니 헌 까오씽
认识 你 很 高兴。
Rènshi nǐ hěn gāoxìng.

첫 음을 높게 잡고 '런슬 니'에서 끊고 '헌'에서 낮추었다가 '까오씽'을 높게 유지하다 내리세요.

冬冬
런슬 니 워 이예 헌 까오씽
认识 你 我 也 很 高兴。
Rènshi nǐ wǒ yě hěn gāoxìng.

'런슬 니'에서 끊고 '워 이예'는 연속으로 눌러서 읽은 후 高는 1성, 行은 4성 좀 더 높은 곳에서 내려주세요.

•很 hěn 매우.
 †평정을 유지한 채 감정 전달을 도와주는 역할을 해요.
•高兴 gāoxìng 기쁘다, 즐겁다.
 †기분이 좋을 때 혹은 반가운 마음이 들 때도 사용해요.
•也 yě ~도 또한.
 †我也爱你! 나도 너를 사랑해! 이 표현을 보면 也라는 것은 상대방과 공통된 것이 있을 때 사용한다는 것을 알 수 있어요.

해석

대화 3
수진 : 당신의 이름은 무엇이에요?
동동 : 제 이름은 김동동이에요.

대화 4
수진 : 당신을 만나게 되어 반가워요.
동동 : 저도 당신을 만나게 되어 반가워요.

본문 연구

① 동사 술어문

동사가 메인이 되는 문장을 동사 술어문이라고 해요.

• 긍정문 (동작이 움직이는 동사라는 것에 집중해 주세요.)

> 주어 + 동사

我吃。 Wǒ chī. 나는 먹어요.

• 부정문

> 주어 + 부정부사 + 동사

我不吃。 Wǒ bù chī. 나는 먹지 않아요.

• 의문문

> 주어 + 동사 + 吗?

你吃吗? Nǐ chī ma? 당신은 먹어요?

그럼 구체적으로 무엇을 먹는지 알고 싶다면 동사 바로 뒤에 먹을 것을 붙여주세요! 내적으로 외적으로 움직임이 있는 동작에 해당해요. (동사는 고정시키고 '밥 饭'이란 단어를 넣어주세요.)

밥을 먹고 있다면,

• 긍정문

> 주어 + 동사 + 명사

我吃饭。 Wǒ chī fàn. 나는 밥을 먹어요.

• 부정문

> 주어 + 부정부사 + 동사 + 명사

我不吃饭。 Wǒ bù chī fàn. 나는 밥을 먹지 않아요.

• 의문문

> 주어 + 동사 + 명사 + 吗?

你吃饭吗? Nǐ chī fàn ma? 당신은 밥을 먹어요?

 **새 단어**

• 吃 chī 먹다. †입을 이용해서 동작을 하는 한자예요. 왼쪽을 보면 口(입 구)를 볼 수 있어요.
• 饭 fàn 밥.
• 贵 guì 귀하다, 중시하다, 존중하다.
• 喝 hē 마시다. †액체 형태의 물, 음료, 커피, 술 등의 단어들과 어울려요.

2 　이름 묻기 4가지 버전

동사 '姓 xìng'과 '叫 jiào' 두 개를 꼭 기억하세요.

• 성을 묻고 싶을 때

　你**姓**什么? Nǐ xìng shénme?

• 이름만을 묻고 싶을 때

　你**叫**什么? Nǐ jiào shénme?

• '성+이름' 모두를 묻고 싶을 때

　你**叫**什么名字? Nǐ jiào shénme míngzi?

• 성함/존함을 여쭐 때

　您**贵**姓? Nín guì xìng?

☞미니 추가 설명

您贵姓?은 비즈니스를 다루는 장소에서 업무적 관계로 만났을 때 예의를 갖추는 인사 표현이에요. 그리고 여러분들의 중국어 이름을 찾고 싶을 때는 인터넷 중국어 사전을 이용하면 돼요. 예를 들어, 이름이 '강수진'이라고 하면 중국어 사전에서 '강/수/진'과 일치하는 한자를 찾으면 한어병음과 성조가 나와요.

3 　'什么 + 명사' 패턴

지난 과에서 什么를 처음으로 만났죠. 만약 질문이 什么 뒤에 추가적인 내용이 추가된다면? 좀 더 디테일하게 정보를 알고 싶다는 의미예요.

A : 你喝**什么**咖啡? Nǐ hē shénme kāfēi? 당신은 어떤 커피를 마셔요?

B : 我喝美式咖啡。 Wǒ hē měishì kāfēi. 저는 아메리카노를 마셔요.

A : 你看**什么**书? Nǐ kàn shénme shū? 당신은 어떤 책을 읽어요?

B : 我看小说。 Wǒ kàn xiǎoshuō. 저는 소설책을 읽어요.

• 咖啡 kāfēi 커피.
• 美式咖啡 měishì kāfēi 아메리카노 커피. † 美→美国 미국. 式은 '식(스타일) + 커피' 합쳐져서 아메리카노 커피예요. 줄여서 '美式 měishì'이라고도 해요.
• 小说 xiǎoshuō 소설.
• 爱 ài 사랑(하다).

○ 성조가 완전해졌다면 이번에는 중국어 한자만 보고 한어병음을 읽으세요.

대화1

성만 물어보기

저는 성이 김씨예요.   당신의 성은 무엇이에요?

秀珍   你姓什么？

冬冬   我姓金。

대화2

이름만 물을 때

제 이름은 동동이에요.   당신의 이름은 무엇이에요?

秀珍   你叫什么？

冬冬   我叫冬冬。

대화3

'성+이름' 전체 이름 물어보기

제 이름은 김동동이에요.   당신의 이름은 무엇이에요?

秀珍   你叫什么名字？

冬冬   我叫金冬冬。

대화4

당신을 만나게 되어 반가워요.   저도 당신을 만나게 되어 반가워요.

秀珍   认识你很高兴。

冬冬   认识你我也很高兴。

한자 익히기

叫	jiào / ~라고 불리다	l 丨丨口 叫 叫
叫		

姓	xìng / 성이 ~이다	ㄑ ㄑ 女 女 如 姓 姓
姓		

很	hěn / 매우	ㄥ ㄔ 彳 祁 狠 很 很
很		

喝	hē / 마시다	口 口口 吲 吲 喝 喝 喝
喝		

名字	míngzi / 이름	ノ ク タ タ 名 名	` ㅗ 㝵 㝵 宁 字
名 字			

认识	rènshi / 알다, 인식하다	` 讠 认 认	` 讠 认 识 识 识 识
认 识			

高兴	gāoxìng / 기쁘다, 즐겁다	ㅗ 古 古 高 高 高 高	` ` ` ㅛ 兴 兴
高 兴			

咖啡	kāfēi / 커피	口 口 口 加 咖 咖 咖	口 吖 咁 啡 啡 啡 啡
咖 啡			

🎧 듣기

NOTE

1. 녹음을 듣고 한국어로 의미를 적으세요.

① 你姓什么?

_____

② 你叫什么名字?

_____

③ 您贵姓?

_____

④ 认识你很高兴。

_____

1.
① 什么 shénme 무엇
② 名字 míngzi 이름
③ 贵 guì 귀하다
④ 高兴 gāoxìng 기쁘다, 즐겁다

2. 녹음을 듣고 한어병음을 적으세요.

① 我很高兴。

_____

② 我姓金。

_____

③ 你叫什么名字?

_____

④ 我看小说。

_____

2.
① 나는 매우 기쁘다.
② 저는 성이 김씨예요.
③ 당신의 이름은 무엇이에요?
④ 저는 소설책을 읽어요.

정답

듣기 1. ① 당신의 성은 무엇이에요?   ② 당신의 이름은 무엇이에요?   ③ 당신의 성함은 무엇이에요?
④ 당신을 알게 되어 반가워요.
2. ① Wǒ hěn gāoxìng.   ② Wǒ xìng Jīn.   ③ Nǐ jiào shénme míngzi?   ④ Wǒ kàn xiǎoshuō.

 쓰기

3. 성조를 쓰세요.

① 我姓金。

_____

② 您贵姓?

_____

③ 你喝什么咖啡?

_____

④ 认识你我也很高兴。

_____

NOTE

3.
① Wo xing Jin.
② Nin gui xing.
③ Ni he shenme kafei?
④ Renshi ni wo ye hen gaoxing.

모바일 파트

핸드폰의 메모나 카카오톡 나에게 보내기를 통해 마지막으로 총정리 해봐요.

1. 당신의 이름은 무엇이에요 ?
2. 제 이름은 ○○○예요.
3. 당신을 만나게 되어 반가워요.

힌트

1. 주어 '당신'은 你이고 '이름이 ~이다'라는 뜻의 동사 叫를 바로 떠올리세요. 이름이 무엇인지를 묻는 거니까 什么 뒤에 '이름'에 해당하는 단어 名字를 넣고 물음표 하세요.
2. 주어 '나'인 我 다음에 '이름이 ~이다'라는 뜻의 동사 叫를 바로 뒤에 넣고 여러분의 중국어 이름을 적으세요.
3. '认识+대상'이니까 '认识+你'로 문장을 시작하고, 그 다음에 감정 상태를 나타내는 很高兴을 적으세요.

쓰기 3. ① 我姓金 3성/4성/1성　② 您贵姓 2성/4성/4성　③ 你喝什么咖啡 3성/1성/2성/경성/1성/1성
④ 认识你我也很高兴 4성/경성/3성/3성/3성/1성/4성

모바일 1. 你叫什么名字?　2. 我叫○○○。　3. 认识你很高兴。

중국 속으로

중국(中国)

- **국가명** : 중화인민공화국(中华人民共和国 Zhōnghuá Rénmín Gònghéguó), 줄여서 중국 (中国 Zhōngguó)
- **수도** : 베이징(北京 Běijīng)
- **최대 도시** : 상하이(上海 Shànghǎi)
- **행정구역** : 23개 성(省), 5개 자치구(自治区), 4개 직할시(直辖区), 2개 특별행정구 (特別行政区)
- **시차** : 동경(东经) 120도를 기준으로 베이징 시간(BJT)을 기준으로 해요. 한국과는 1 시간 시차가 있고 중국이 한국보다 1시간 빨라요.
- **인구** : 14억 정도(2021년 기준)
- **교육** :

小学 6年	初中 3年	高中 3年
초등학교	중학교	고등학교

중국의 대학 입시는 '高考 gāokǎo'라고 하는데 매년 6월에 있고, 4일 일정으로 시험을 봐요.

小学 xiǎoxué 초등학교   初中 chūzhōng 중학교

高中 gāozhōng 고등학교   高考 gāokǎo 대학 입학시험

- **지도**

第 五 课

dì wǔ kè

汉语难不难?

Hànyǔ nán bù nán?

중국어는 어려운가요?

你好吗?
당신은 잘 지내세요?

我很好。你呢?
저는 잘 지내요. 당신은요?

你忙吗?
당신은 바빠요?

我不太忙。
저는 그다지 바쁘지 않아요.

麻辣烫辣不辣?
마라탕은 매운가요?

我觉得麻辣烫很辣。
저는 개인적으로 매우 매운 거 같아요.

汉语难不难?
중국어는 어려운가요?

汉语很难。
可是很有意思!
중국어는 매우 어려워요.
그러나 아주 재밌어요.

만약에 여러분이 지금 너무 바쁘거나 혹은 피곤하다면 상대방에게 중국어로 어떻게 전할까요? 이번 과에서는 이러한 상태와 감정 표현에 해당하는 단어들과 방법들을 같이 공부해요. 그리고 이제는 자연스럽게 상대방에게 제안하는 중국어 회화도 연습해요.

 본문

 대화 1

冬冬
니 하오 마
你好吗?
Nǐ hǎo ma?

'니'는 2성으로 '하오'는 3성 그대로 3성의 성조 변화를 지켜주세요.

秀珍
워 헌 하오   니 너
我很好。你呢?
Wǒ hěn hǎo. Nǐ ne?

'워'는 3성 그대로 낮게 누르듯이 '헌'은 2성으로 '하오'는 3성으로 3성 성조 변화를 적용해 주시고, '니 너'는 '니'에 힘을 80% 실어주고 '너'는 가볍게 힘을 빼주세요.

冬冬
워 하이 하오
我还好。
Wǒ hái hǎo.

'워'에서 끊고 '하이 하오'로 읽어주세요.

 대화 2

冬冬
니 망 마
你忙吗?
Nǐ máng ma?

'니'에서 끊어주고 '망 마'로 읽으세요.

秀珍
워 부 타이 망
我不太忙。
Wǒ bú tài máng.

'워'에서 끊고 '부 타이 망'으로 읽으세요. 이때 不太는 不의 성조 변화를 적용해서 산에 올라갔다가 내려오는 것처럼 음도 의식적으로 올라갔다 내려오게 성조의 높낮이를 보여주세요.

 새 단어

• 很 hěn 매우, 아주.
• 呢 ne ~는요?
  † 의문문의 끝에 써서 의문의 어기를 나타내요.
• 还 hái 꽤, 비교적.
• 忙 máng 바쁘다.
• 不太 bú tài 그다지 ~않다.
  † 가끔 우리는 완전하게 부정하고 싶지는 않은데, 그렇다고 긍정도 아닌 그런 애매한 상황일 때가 있죠? 그럴 경우 不太를 떠올려 주세요.
• 麻辣烫 málàtàng 마라탕.
  † 중국 쓰촨성의 매운 요리 중 하나예요. 한국에서도 인기가 많죠.

해석

대화 1

동동 : 당신은 잘 지내세요?
수진 : 저는 잘 지내요. 당신은 요?
동동 : 저는 그냥 괜찮게 지내요.

대화 2

동동 : 당신은 바빠요?
수진 : 저는 그다지 바쁘지 않아요.

대화 3

마라탕　　라 부 라
冬冬　麻辣烫辣不辣?
　　　Málàtàng là bú là?

'마라탕'에서 끊고 '라 부 라'로 읽으세요.

워　쥐에더　　마라탕　헌 라
秀珍　我觉得麻辣烫很辣。
　　　Wǒ juéde málàtàng hěn là.

'워 쥐에더'에서 끊고 '마라탕'에서 끊고
'헌 라'로 읽으세요.

대화 4

한위　　난 부 난
冬冬　汉语难不难?
　　　Hànyǔ nán bù nán?

'한위'에서 끊고 '난 부 난'으로 읽으세요.
汉语의 汉은 4성으로 '한'을 풀듯이 힘을
줘서 내리고, 语는 입을 오므려서 '위'로
발음하세요.

한위　　헌 난
秀珍　汉语很难。
　　　Hànyǔ hěn nán.

'한위'에서 끊고 '헌 난'으로 읽으세요. '커
슬'에서 끊고 '헌'에서 다시 끊고 '여우이쓰'
로 읽으세요. 很은 3성으로 소리가 안쪽 깊
은 곳에서 우러나오듯이 밑으로 내렸다가
잔여음으로 올리세요.

커슬　헌　여우이쓰
可是很有意思!
Kěshì hěn yǒuyìsi!

- 辣 là 맵다.
- 觉得 juéde ~라고 여기다, 생각하다.
- 汉语 Hànyǔ 한어, 중국어.
  † 汉은 중국의 '한족'을 의미하고 语는 '언어'를 뜻해요.
- 难 nán 어렵다.
  † 시험 문제가 난해하다. 이런 문장 들어보셨죠? '어렵다'는 뜻의 难을 기억
  하세요.
- 可是 kěshì 그러나.
  † 반전을 말하고 싶을 때 사용해요. 可是 뒤의 내용이 하고 싶은 말이에요.
- 有意思 yǒuyìsi 재미있다.

해석

대화 3
동동 : 마라탕은 매운가요?
수진 : 저는 개인적으로 매우 매
운 거 같아요.

대화 4
동동 : 중국어는 어려운가요?
수진 : 중국어는 매우 어려워요.
그러나 아주 재밌어요.

1 형용사를 사용한 회화

형용사란 스스로 느끼는 감정 혹은 현재의 상태 등을 표현해요. 하지만 형용사는 행위를 하는 동작처럼 완벽하게 전달될 수 없기 때문에 감정을 더 효과적으로 전달하기 위해서 很이 서포트해 주는 역할을 해요.

■ 피곤한 상태일 때

• 긍정문

我很累。 Wǒ hěn lèi. 저는 매우 피곤해요.

• 부정문

我不累。 Wǒ bú lèi. 저는 피곤하지 않아요.

• 의문문

你累吗? Nǐ lèi ma? 당신은 피곤해요?

• 정반의문문

你累不累? Nǐ lèi bú lèi? 당신은 피곤하죠?

2 还好 hái hǎo

还好는 '(그런대로) 괜찮다'라는 뜻으로, 상대방이 안부나 생각을 물어볼 때 조금 고민과 생각을 한 것 같은 효과를 주는 회화 표현이에요.

A : 你好吗? Nǐ hǎo ma? 당신은 잘 지내요?

B : 我还好。 Wǒ hái hǎo. 그럭저럭 지내요.

새 단어

• 累 lèi 피곤하다.
• 忙 máng 바쁘다.
• 饿 è 배고프다.

③ 可是 kěshì

可是는 '그러나, 하지만'이라는 뜻으로, 앞과 뒤의 내용이 다른 구성을 갖게 도와주는 접속사로서 반전의 효과를 줘요.

我很忙。**可是**我不累。
Wǒ hěn máng. Kěshì wǒ bú lèi.

나는 바빠요, 그러나 피곤하지는 않아요.

④ 不太 bútài

不太는 '그다지 ~않다'라는 뜻으로, 완전 부정을 사용하기에는 애매한 상황일 때 혹은 간접적으로 부정하고 싶을 때 사용해요.

A : 你饿吗? Nǐ è ma? 당신은 배가 고픈가요?

B : 我**不太**饿。 Wǒ bútài è. 저는 그렇게 배가 고프지 않아요.

⑤ 觉得 juéde

觉得는 '~라고 여기다, 생각하다'라는 뜻으로, 개인의 주관적인 생각을 표현할 때 사용해요.

我**觉得**她很漂亮。
Wǒ juéde tā hěn piàoliang.

저는 그녀가 매우 예쁘다고 생각해요. .

• 觉得 juéde ~라고 여기다, 생각하다.
• 漂亮 piàoliang 예쁘다.

성조가 완전해졌다면 이번에는 중국어 한자만 보고 한어병음을 읽으세요.

대화1

冬冬　你好吗？

秀珍　我很好。你呢？

冬冬　我还好。

당신은 잘 지내세요?
저는 그냥 괜찮게 지내요.

저는 잘 지내요. 당신은요?

대화2

冬冬　你忙吗？

秀珍　我不太忙。

당신은 바빠요?

저는 그다지 바쁘지 않아요

대화3

冬冬　麻辣烫辣不辣？

秀珍　我觉得麻辣烫很辣。

마라탕은 매운가요?

저는 개인적으로 매우
매운 거 같아요.

대화4

冬冬　汉语难不难？

秀珍　汉语很难。

　　　可是很有意思！

중국어는 어려운가요?

중국어는 매우 어려워요.
그러나 아주 재밌어요.

| 忙 | máng 바쁘다 | 丶 亠 忄 忙 忙 忙 |

忙

| 累 | lèi 피곤하다 | 丶 口 田 甲 累 累 累 |

累

| 呢 | ne ~는요? | 口 口 呎 呎 呢 呢 呢 |

呢

| 难 | nán 어렵다 | 又 又 对 对 难 难 难 |

难

| 辣 | là 맵다 | 立 立 辛 辛 辢 辨 辣 |

辣

| 汉语 | Hànyǔ 한어, 중국어 | 丶 丶 氵 汀 汉   讠 讠 讦 语 语 语 语 |

汉 语

| 觉得 | juéde ~라고 여기다, 생각하다 | 丶 ソ ツ 씃 兴 党 觉 觉   彳 行 得 得 得 得 得 |

觉 得

| 有意思 | yǒuyìsi 재미있다 | ノ ナ オ 有 有 有   立 音 音 音 意 意 意   丶 口 日 田 思 思 |

有 意 思

확인 테스트

 듣기

1. 녹음을 듣고 한국어로 의미를 적으세요.

① 你好吗?

_____

② 我很好。

_____

③ 你忙吗?

_____

④ 我不太累。

_____

2. 녹음을 듣고 한어병음을 적으세요.

① 我还好。

_____

② 你呢?

_____

③ 汉语难吗?

_____

④ 汉语很有意思。

_____

NOTE

1.
① 好 hǎo 좋다
② 很 hěn 매우
③ 忙 máng 바쁘다
④ 累 lèi 피곤하다

2.
① 저는 그냥 괜찮게 지내요.
② 당신은요?
③ 중국어는 어려운 가요?
④ 중국어는 매우 재 있어요.

정답

듣기   1. ① 당신은 잘 지내나요?   ② 저는 잘 지내요.   ③ 당신은 바쁜가요?   ④ 저는 그다지 피곤하지 않아요.
       2. ① Wǒ hái hǎo.   ② Nǐ ne?   ③ Hànyǔ nán ma?   ④ Hànyǔ hěn yǒuyìsi.

 쓰기

3. 성조를 쓰세요.

① 我很累。

_____

② 我还好。

_____

③ 我觉得麻辣烫很辣。

_____

④ 汉语难不难？

_____

3.
① Wo hen lei.
② Wo hai hao.
③ Wo juede malatang hen la.
④ Hanyu nan bu nan?

모바일 파트

핸드폰의 메모나 카카오톡 나에게 보내기를 통해 마지막으로 총정리 해봐요.

1. 당신은 잘 지내나요?
2. 저는 바쁘지 않아요.
3. 중국어는 매우 어려워요. 그러나 아주 재밌어요.

힌 트

1. 주어 '당신'은 你이고 '잘 지내다'는 好를 넣으세요. 질문이니까 문장 끝에 吗를 넣고 물음표 하세요.
2. 주어 '나'는 我이고, 바쁘지 않은 것이니 부정의 不를 넣고 뒤에 '바쁘다'인 忙을 배치하세요.
3. '중국어'는 汉语이고 '어렵다'는 难이지만, 형용사 문장에는 很을 넣어서 감정 부분을 채워주세요. '그러나'라는 의미의 可是를 떠올리고, '재미있다'는 감정 부분 형용사 有意思 앞에 很을 넣으세요.

쓰기 3. ① 我很累 3성/3성/4성 ② 我还好 3성/2성/3성 ③ 我觉得麻辣烫很辣 3성/2성/경성/2성/4성/4성/3성/4성 ④ 汉语难不难 4성/3성/2성/4성/2성
모바일 1. 你好吗? 2. 我不忙。 3. 汉语很难。可是很有意思。

중국 속으로 　중국의 福(복) 자

　　중국 음식점이나 상점들을 지나갈 때면 福(복)이란 한자가 거꾸로 붙어 있는 것을 볼 수 있어요.

　　중국은 전통적으로 대문 앞에 福 자를 붙여요. 새해를 맞이하는 설날이나 상점을 새롭게 열거나 할 때 복이 도착하기를 바란다는 상징적인 의미예요.

　　福이라는 한자는 똑바로 붙여도 되고 거꾸로 붙여도 돼요. 일반적으로 중국 가정이나 상점에는 집 문이나 냉장고 벽에 福 자를 붙여요. 이 福 자를 붙여 놓으면 실제로 복이 들어온다거나 아니면 좋은 일들이 많이 생긴다고 믿고 있어요.

　　중국인들이 좋아하는 빨간색 바탕에 새겨진 福 자는 멀리서 봐도 한눈에 띄는데, 사람들의 시선을 모으고 좋은 기운을 전해 줘요.

第六课
dì liù kè

你有空吗?
Nǐ yǒu kòng ma?
당신은 시간이 있어요?

학원 강의에서 설명을 끝내고 난 다음 학생들에게 항상 하는 질문이 "여기까지 혹시 질문 있어요?"라고 해요. 그러면 보통 학생들의 대답은 "没有"라고 대답하고, 그럼 저도 바로 다음 설명으로 넘어가요. 이번 과에 배울 내용은 동사 '有'예요. 동사 '有'를 통해서 쉽게 중국어 문장에 접근해 보고 또 다양한 주제를 통해서 회화에 적용해 보도록 해요.

 본문

 대화 1

冬冬
니 여우 셔우지 마
你有手机吗?
Nǐ yǒu shǒujī ma?

'니 여우'에서 끊고 '셔우지 마'로 읽으세요. 手机에서 手 발음은 우리말 '아이고, 셔어 ~'의 발음을 생각하세요.

秀珍
땅란 여우
当然有。
Dāngrán yǒu.

'땅란'에서 끊고 '여우'로 읽으세요.

 대화 2

冬冬
찐티엔 니 여우 콩 마
今天你有空吗?
Jīntiān nǐ yǒu kòngma?

'찐티엔'에서 끊고 '니 여우'에서 끊고 '콩 마'로 읽으세요.

秀珍
메이여우 콩
没有空。
Méiyǒu kòng.

'메이여우'에서 끊고 4성 '콩'으로 콕 찍듯이 마무리하세요.

 새 단어

- 有 yǒu 가지고 있다, 소유하다.
- 手机 shǒujī 휴대폰, 핸드폰.
- 当然 dāngrán 당연히, 물론.
  † 1% 의심의 여지 없이 100% 확신이 설 때 当然을 사용해요.
- 今天 jīntiān 오늘.
  † 今은 '지금', 天은 '날(하루)'이라는 의미예요.
- 空 kòng 틈, 여백.
  † 시간(时间)이란 단어가 있지만 空은 틈의 의미로 시간을 대신해서 가벼운 느낌을 갖고 있어요.
- 没有 méiyǒu 가지고 있지 않다.

해석

대화 1
둥둥 : 당신은 핸드폰이 있어요?
수진 : 당연히 있어요.

대화 2
둥둥 : 오늘 당신은 시간이 있어요?
수진 : 없어요.

 대화 3

冬冬
니 여우 씨엔찐 마
你有现金吗?
Nǐ yǒu xiànjīn ma?

'니 여우'에서 끊고 '씨엔찐 마'로 읽으세요.

秀珍
메이여우   워 즈 여우   씬용카
没有, 我只有信用卡。
Méiyǒu, wǒ zhǐ yǒu xìnyòngkǎ.

'메이여우, 워 즈 여우'에서 끊고 '씬용카'로 읽으세요. 이 부분에서 我는 '3성' 그대로 읽고, 只有는 '2성 3성'으로 성조 변화를 적용하세요.

 대화 4

冬冬
쪼우모   니 여우   스지엔   마
周末你有时间吗?
Zhōumò nǐ yǒu shíjiān ma?

'쪼우모'에서 끊고 '니 여우'에서 끊고 '스지엔' 끊고 '마'로 읽으세요.

秀珍
메이여우   스지엔   쪼우모   워 야오   다꿍
没有时间。 周末我要打工。
Méiyǒu shíjiān.   Zhōumò wǒ yào dǎgōng.

'메이여우'에서 끊고 '스지엔'으로 읽고, '쪼우모'에서 끊고 '워 야오'에서 끊고 '다꿍'으로 읽으세요.

• 现金 xiànjīn 현금.
• 只 zhǐ 단지, 오직, 겨우.
   † 희소성을 강조할 때, 시간과 함께 사용하면 '촉박함'을 표현해요.
• 信用卡 xìnyòngkǎ 신용카드.
   † 卡는 영어 card이고, 앞에 신용과 합쳐져서 '신용카드'라고 해요.
• 周末 zhōumò 주말.
• 时间 shíjiān 시간.
• 要 yào ~해야 한다, 원하다.
• 打工 dǎgōng 아르바이트하다.

해석

대화 3
동동 : 당신은 현금이 있어요?
수진 : 없어요, 저는 신용카드만 있어요.

대화 4
동동 : 주말에 당신 시간이 있어요?
수진 : 시간이 없어요. 주말에 저는 아르바이트를 해야 해요.

1 有 동사

동사 有는 소유의 유무를 표현할 때 사용해요. 하지만 중국에서의 有에 대한 범위는 넓은데 그 부분을 정리해요.

① 개인적인 소유물

　주어 + 有 + 개인 소유물　

我**有**手机。 Wǒ yǒu shǒujī. 저는 핸드폰이 있어요.

② 인간 관계

　주어 + 有 + 사람　

我**有**中国朋友。 Wǒ yǒu zhōngguó péngyou. 저는 중국 친구가 있어요.

③ 그 외 나와 관계된 것들

　주어 + 有 + 기타 명사　

我**有**空。 Wǒ yǒu kòng. 저는 시간이 있어요.

我**有**课。 Wǒ yǒu kè. 저는 수업이 있어요.

我**有**事。 Wǒ yǒu shì. 저는 개인적인 용무가 있어요.

2 부정문

有의 부정은 没를 사용하는데, 没는 '없다'라는 의미로 没有라고 하면 '없다'가 돼요.

① 개인적인 소유물

　주어 + 没 + 有 + 명사　

我**没有**钱。 Wǒ méiyǒu qián. 저는 돈이 없어요.

② 인간 관계

　주어 + 没 + 有 + 사람　

我**没有**中国朋友。 Wǒ méiyǒu Zhōngguó péngyou. 저는 중국 친구가 없어요.

③ 그 외 나와 관계된 것들

　주어 + 没 + 有 + 기타 명사　

 새 단어

• 朋友 péngyou 친구.
• 课 kè 수업.
• 事 shì 일, 용무. †개인적인 사정, 용무를 뜻해요.
• 钱 qián 돈, 화폐.

我**没有**空。Wǒ méiyǒu kòng. 저는 시간이 없어요.

我**没有**工作。Wǒ méiyǒu gōngzuò. 저는 직업이 없어요.

이때 工作는 명사로 '직업'이라는 의미예요. 이제부터는 일반의문문과 정반의문문을
같이 정리해요.

③ 일반의문문

> 주어 + 有 + 명사 + 吗？

你**有**弟弟**吗?** Nǐ yǒu dìdi ma? 당신은 남동생이 있어요?

④ 정반의문문

> 주어 + 有 + 没有 + 명사?

今天你**有没有**课? Jīntiān nǐ yǒu méiyǒu kè? 오늘 당신 수업 있죠?

⑤ 조동사 要

要는 '~할 예정이다, ~해야 한다'라는 뜻이에요. 이때 주의할 것은 부정문의 변화인
데, 不要가 아니라 不用으로 변화한다는 것이에요. 여기서는 要가 '꼭 ~해야 하는
것'이라는 뜻으로, 강조해서 말하는 기능으로 쓰였기 때문이에요.

• 긍정문

今天我**要**加班。Jīntiān wǒ yào jiābān. 오늘 저는 야근을 해야만 해요.

• 부정문

今天我**不用**加班。Jīntiān wǒ búyòng jiābān. 오늘 저는 야근을 할 필요가 없어요.

• 의문문

今天你**要**加班**吗**? Jīntiān nǐ yào jiābān ma? 오늘 당신은 야근을 해야 하나요?

• 工作 gōngzuò 직업, 일하다.
• 弟弟 dìdi 남동생.   • 今天 jīntiān 오늘.
• 加班 jiābān 야근하다. † 加는 '더하다, 추가하다'는 의미예요.
• 不用 búyòng ~할 필요가 없다.

◐ 성조가 완전해졌다면 이번엔 중국어 한자만 보고 한어병음을 읽으세요.

대화1

冬冬　你有手机吗?

秀珍　当然有。

당신은 핸드폰이 있어요?　당연히 있어요.

대화2

冬冬　今天你有空吗?

秀珍　没有空。

오늘 당신은 시간이 있어요?　없어요.

대화3

冬冬　你有现金吗?

秀珍　没有，我只有信用卡。

당신은 현금이 있어요?　없어요. 저는 신용 카드만 있어요.

대화4

冬冬　周末你有时间吗?

秀珍　没有时间。
　　　周末我要打工。

주말에 당신 시간이 있어요?　시간이 없어요. 주말에 저는 아르바이트를 해야 해요.

有	yǒu 가지고 있다, 소유하다	ノ ナ 才 有 有 有

有											

空	kòng 틈, 여백	丶 丷 宀 宀 宂 空 空

空											

用	yòng 쓰다, 사용하다	ノ 刀 月 月 用

用											

没	méi 없다, ~하지 않았다	丶 丶 氵 氵 汐 汐 没

没											

手机	shǒujī 휴대폰, 핸드폰	一 二 三 手　　　　一 十 才 木 机 机

手 机											

打工	dǎgōng 아르바이트를 하다	一 十 扌 扩 打　　　　一 丁 工

打 工											

现金	xiànjīn 현금	二 于 王 尹 玑 现 现　　人 人 今 全 全 全 金 金

现 金											

信用卡	xìnyòngkǎ 신용카드	亻 仁 仁 佇 信 信 信　　ノ 刀 月 月 用 卜 卜 上 卡 卡

信 用 卡											

🎧 듣기

NOTE

1. 녹음을 듣고 한국어로 의미를 적으세요.

① 我有手机。

_____

② 我没有空。

_____

③ 没有，我只有信用卡。

_____

④ 我要打工。

_____

1.
① 手机 shǒujī 휴대 전화, 핸드폰
② 没有 méiyǒu 가지고 있지 않다
③ 没有 méiyǒu 가지고 있지 않다
④ 打工 dǎgōng 아르바이트하다

2. 녹음을 듣고 한어병음을 적으세요.

① 当然有。

_____

② 你有现金吗?

_____

③ 只有信用卡。

_____

④ 没有时间。

_____

2.
① 당연히 있어요.
② 당신은 현금 있어요?
③ 신용카드만 있어요.
④ 시간이 없어요.

정답

 듣기   1. ① 저는 핸드폰이 있어요.   ② 저는 시간이 없어요.   ③ 없어요, 저는 신용카드만 있어요.
④ 저는 아르바이트를 해야 해요.
2. ① Dāngrán yǒu.   ② Nǐ yǒu xiànjīn ma?   ③ Zhǐ yǒu xìnyòngkǎ.   ④ Méiyǒu shíjiān.

 **쓰기**

3. 성조를 쓰세요.

① 我有空。

_____

② 我要打工。

_____

③ 当然

_____

④ 我没有现金。

_____

3.
① Wo you kong.
② Wo yao dagong.
③ dangran
④ Wo meiyou xianjin.

모바일 파트 💬

핸드폰의 메모나 카카오톡 나에게 보내기를 통해 마지막으로 총정리 해봐요.

1. 당신은 핸드폰이 있어요?
2. 저는 현금이 없어요.
3. 주말에 아르바이트를 해야 해요.

힌트

1. '～있어요?'는 '有～吗?'이고 주어 '당신'은 你이니까 '有～吗?' 사이에 핸드폰 단어인 手机를 넣으세요.
2. 주어 '나'인 我를 먼저 떠올리고 有를 부정해야 하니까 没有 바로 뒤에 '현금' 단어 现金을 넣으세요.
3. '주말'이라는 시간 단어인 周末에 '나는 ～해야 한다'는 뜻의 我要를 같이 붙이면 周末我要이고, '아르바이트하
  다'의 打工을 뒤에 넣어주세요.

쓰기 3. ① 我有空 3성/3성/4성   ② 我要打工 3성/4성/3성/1성   ③ 当然 1성/2성
④ 我没有现金 3성/2성/3성/4성/1성

모바일 1. 你有手机吗?   2. 我没有现金。   3. 周末我要打工。

중국의 설날

중국 속으로

중국의 가장 큰 명절은 음력 설날이에요. 중국의 설날은 '春节 chūnjié'라고 해요. 새해를 맞이하는 만큼 설날 준비에 모두가 바빠요. 특히 타지에서 일하거나 거주하는 사람들은 고향을 가기 위해 일찍이 기차표나 비행기 티켓을 끊어요. 중국의 설날은 전통적으로 화려하게 폭죽을 터뜨리고, 집 앞 대문에는 대련(문이나 기둥에 써 붙이는 대구)을 붙여요.

가족끼리는 만두를 직접 만들어 먹으며 어른들은 아이들에게 세뱃돈을 주어요. 중국의 명절은 한국에 비해서 긴 편이고 그래서 설날에는 결혼식을 하는 풍경도 종종 볼 수 있어요.

压岁钱 yāsuìqián 세뱃돈

긴 연휴를 이용해서 국내 여행을 하기도 해요. 최근에는 해외 여행길이 수월해지면서 명절 의식을 최소화하고 국외로 여행을 떠나는 사람들도 많이 늘어나고 있어요.

第 七 课

dì qī kè

我家有四口人。

Wǒ jiā yǒu sì kǒurén.

우리 집에는 네 식구가 있어요.

가족을 테마로 가족의 수를 물어보고 가족 구성원을 묻고 말하는 연습을 해요. 그러기 위해서는 일단 숫자를 완벽히 외우고 수량을 말할 때 필요한 중요한 양사들을 공부해야 돼요. 이번 과에서는 우리 생활과 밀접하게 관련된 단어들과 예문을 통해서 숫자 양사에 접근해 보고 연습해요.

본문

대화 1 2인 가족

冬冬
시유전   니 지아 여우 지 커우 런
秀珍, 你家有几口人?
Xiùzhēn, nǐ jiā yǒu jǐ kǒu rén?

'시유전'에서 끊고 '니 지아 여우'에서 끊고 '지 커우 런'으로 읽으세요.

秀珍
워 지아 여우 량 커우 런   라오공 허어 워
我家有两口人。老公和我。
Wǒ jiā yǒu liǎng kǒu rén. Lǎogōng hé wǒ.

'워 지아 여우'에서 끊고 '량 커우 런'으로 읽고, '라오공'에서 끊고 '허어 워'로 읽으세요.

대화 2 3인 가족

秀珍
니 지아 여우 지 커우 런
你家有几口人?
Nǐ jiā yǒu jǐ kǒu rén?

'니 지아 여우'에서 끊고 '지 커우 런'으로 읽으세요.

冬冬
싼 커우 런   빠바   마마 허어 워   워 슬 두성 즈뉘
三口人, 爸爸、妈妈和我。我是独生子女。
Sān kǒu rén, bàba、māma hé wǒ. Wǒ shì dúshēng zǐnǚ.

'싼 커우 런' 그대로 읽고 '빠바 마마'에서 끊고 '허어 워'로 읽으세요. '워 슬'에서 끊고 '두성 즈뉘'로 읽으세요.

새 단어

•家 jiā 집.
•几 jǐ 몇.
•口 kǒu 식구(양사).
•两 liǎng 둘.
  † 한자를 자세히 보면 人이 두 개 보여요.
•老公 lǎogōng 남편.
•和 hé ~와, ~과.
•爸爸 bàba 아빠.
•妈妈 māma 엄마.
•独生子女 dúshēng zǐnǚ 외동, 외동 자녀.
  † 중국에는 한 자녀 정책이 있었기 때문에 '외동 자녀'라는 단어는 매우 중

해석

대화 1
동동 : 수진, 당신은 식구가 몇이에요?
수진 : 두 식구예요. 저와 남편이에요.

대화 2
수진 : 당신은 식구가 몇이에요?
동동 : 세 식구예요. 아빠 엄마와 저예요. 저는 외동이에요.

대화 3 자녀가 있는 가족

草草
니 지아 여우 지 커우 런
你家有几口人?
Nǐ jiā yǒu jǐ kǒu rén?

'니 지아 여우'에서 끊고 '지 커우 런'으로 읽으세요.

乐乐
워 지아 여우 쓰 커우 런   타이타이   량 거 하이즈 허어 워
我家有四口人, 太太, 两个孩子和我。
Wǒ jiā yǒu sì kǒu rén, tàitai, liǎng ge háizi hé wǒ.

'워 지아 여우'에서 끊고 '쓰 커우 런'으로 읽으세요. '타이타이 량 거 하이즈'에서 끊고 '허어 워'로 읽으세요.

대화 4 가족 구성원을 따로 묻고 싶을 때

豆豆
니 지아 떠우 여우   션머   런
你家都有什么人?
Nǐ jiā dōu yǒu shénme rén?

'니 지아'에서 끊고 '떠우 여우'에서 끊고 '션머 런'으로 읽으세요.

山山
나이나이   빠바   마마   꺼거 허어 워
奶奶、爸爸、妈妈、哥哥和我。
Nǎinai、bàba、māma、gēge hé wǒ.

'나이나이 빠바 마마 꺼거'에서 끊고 '허어 워'로 읽으세요.

요할 거 같아요.
• 个 ge 개, 명, 사람.
  † 수량을 셀 때 가장 대표적인 양사예요.
• 太太 tàitai 아내.
  † 아내와 남편이라는 단어는 지역과 개인에 따라서 부르는 호칭이 다양해요.
• 孩子 háizi 아이, 자녀, 자식.
• 都 dōu 모두.
• 奶奶 nǎinai 할머니.
• 哥哥 gēge 형(오빠).

해석

대화 3
차오차오 : 당신은 식구가 몇이에요?
러어러어 : 저희는 네 식구예요. 아내, 두 자녀와 저예요.

대화 4
떠우떠우 : 당신 가족은 구성원이 누구인가요?
샨샨 : 할머니, 아빠, 엄마, 오빠 그리고 저예요.

① 중국어의 숫자

一	二	三	四	五	六	七	八	九	十
yī	èr	sān	sì	wǔ	liù	qī	bā	jiǔ	shí

① '一 二 三 이 얼 싼'까지는 노래 가사나 랩 가사에도 종종 등장하고 사진 찍을 때도 '一 二 三' 하고 찍어요.

② '七 八 치이 빠아'인데 한글의 '칠 팔'과 발음이 비슷해서 함께 외우면 좋아요.

③ 성조 '二 四 六'는 4성인데 항상 그랬듯이 힘을 줘서 내려주세요.

④ 숫자 '10 shí'는 10 이상 숫자일 때 꼭 들어가요.

④ 많이 실수하는 부분은 '11 shíyī' 숫자예요. 숫자 1을 먼저 떠올리는 경우가 많은데 앞서 말했듯이 10을 먼저 떠올려주셔야 해요

十一, 十二, 十三, … 二十, 三十, …, 九十九
shíyī, shíèr, shísān, … èrshí, sānshí, … jiǔshíjiǔ

② 양사

양사라는 것은 쉽게 풀어 설명하면 수량을 전달할 때 함께 사용하는 코드라고 생각하시면 돼요. 사물이 갖고 있는 특징에 따라 양사는 변해요. 양사의 위치는 크게 수량 뒤, 지시대명사(这/那) 뒤에 위치해요.

• 个 ge 개, 사람, 음식, 과일, 핸드폰 등. 단, 사람을 세는 양사는 个 외에도 '位 wèi'가 있어요. 位는 '~분'의 의미로서 상대방을 대접하는 상황일 경우, 혹은 상대방에게 예의를 갖출 때 사용해요

你觉得这个手机好吗? Nǐ juéde zhège shǒujī hǎo ma? 당신은 이 핸드폰이 좋다고 생각해요?

一位客人 yí wèi kèrén 손님 한 분

• 口 kǒu 식구, 한 입

我家有三口人。Wǒ jiā yǒu sān kǒu rén. 우리는 세 가족이에요.

你吃一口吧。Nǐ chī yì kǒu ba. 한 입만 드세요.

• 本 běn 학문적인 내용이나 중요한 정보를 담고 있는 책, 잡지, 사전 등.

새 단어

• 手机 shǒujī 핸드폰, 휴대전화.
• 本 běn ~권. †서적류 등을 세는 양사예요.
• 真 zhēn 정말, 진심으로. †가슴으로 전율이 느껴질 때나 표현하기 힘든 감정을 전달할 때 사용해요.
• 电影 diànyǐng 영화.
• 杯 bēi ~잔.
• 客人 kèrén 손님.
• 张 zhāng ~장.
• 票 piào 표.
• 每天 měitiān 매일.

这**本**书真有意思。 Zhè běn shū zhēn yǒuyìsi. 이 책은 정말 재밌네요.

- 张 zhāng 직사각형의 넓은 표면으로 '~장'으로 셀 수 있는 것들. 티켓, 사진, 명함, 신문, 마스크 등. 그 외 책상.

  我有两**张**电影票。 Wǒ yǒu liǎng zhāng diànyǐngpiào. 저는 두 장의 영화 티켓이 있어요.

- 杯 bēi 액체가 담겨 있는 잔. 주로 물, 음료, 주류 등.

  每天我喝一**杯**温水。 Měitiān wǒ hē yì bēi wēnshuǐ. 매일 저는 따뜻한 물 한 잔을 마셔요.

- 瓶 píng 겉이 유리 재질 혹은 플라스틱, 페트병에 포장된 음료나 주류 등. 칭다오 맥주가 제일 먼저 떠오르네요.

  三**瓶**青岛啤酒 sān píng Qīngdǎo píjiǔ 칭다오 맥주 세 병

③ 의문대명사 几 jǐ

작은 수량을 물을 때 사용하는 의문대명사예요. '几 jǐ'는 작은 수량(1~10) 범위 내에서 대답이 가능한 질문을 할 때 사용해요. 그렇기 때문에 几는 양사를 같이 사용해요.

A : 你要**几**个? Nǐ yào jǐ ge? 당신은 몇 개를 원하세요?
B : 我要五个。 Wǒ yào wǔ ge. 저는 다섯 개를 원해요.

④ 和 hé

두 개 이상을 나란히 나열할 때 '和 hé'를 사용해요.

我**和**你 wǒ hé nǐ 나와 당신 　　　　　韩国**和**中国 Hánguó hé Zhōngguó 한국과 중국

나열할 항목이 3개 이상일 경우에는 和를 마지막에 넣어주세요.

爸爸、妈妈、弟弟、妹妹**和**我　　아빠, 엄마, 남동생, 여동생과 나
bàba、māma、dìdi、mèimei hé wǒ

⑤ 两 liǎng

숫자 2는 분명히 '二'이라고 공부했는데 '两'도 2인가요? 숫자를 셀 때는 二을 사용하지만 개수의 양을 말할 때는 两을 사용해요. 그리고 两은 양사 혹은 단위를 동반해요.

他们有**两**个人的世界。 Tāmen yǒu liǎng ge rén de shìjiè. 그들은 둘만의 세계가 있어요.

- 水 shuǐ 물. 'sh+ui'는 '슈웨이~'로 발음하세요. 　　• 温水 wēnshuǐ 따뜻한 물.
- 青岛 Qīngdǎo 칭다오. †岛는 '섬'이란 뜻이에요. 제주도(济州岛)도 이 한자가 들어가요.
- 啤酒 píjiǔ 맥주. †啤는 beer의 발음이 중국어 啤로 된 거고, 酒는 술이에요.
- 妹妹 mèimei 여동생.
- 世界 shìjiè 세계. †'월드컵'이란 단어가 '世界 shìjiè + 杯 bēi'예요.

◐ 성조가 완전해졌다면 이번에는 중국어 한자만 보고 한어병음을 읽으세요.

대화1

2인 가족

冬冬　秀珍，你家有几口人？

秀珍　我家有两口人。
　　　老公和我。

수진, 당신은 식구가 몇이에요?

두 식구예요. 저와 남편이에요.

대화2

3인 가족

秀珍　你家有几口人？

冬冬　三口人，爸爸、妈妈
　　　和我。我是独生子女。

당신은 식구가 몇이에요?

세 식구예요. 아빠 엄마와 저예요. 저는 외동아들이에요.

대화3

자녀가 있는 가족

草草　你家有几口人？

乐乐　我家有四口人，
　　　太太，两个孩子和我。

당신은 식구가 몇이에요?

저희는 네 식구예요. 아내, 두 자녀와 저예요.

대화4

가족 구성원을 따로 묻고 싶을 때

豆豆　你家都有什么人？

山山　奶奶、爸爸、妈妈、
　　　哥哥和我。

당신 가족은 구성원이 누구인가요?

할머니, 아빠, 엄마, 오빠 그리고 저예요.

两	liǎng 둘	一 丁 万 丙 丙 两 两
两		

口	kǒu 식구	丨 冂 口
口		

个	ge ~개, ~명, ~사람	丿 人 个
个		

杯	bēi ~잔	十 才 木 木 杉 杉 杯
杯		

和	hé ~와, ~과	二 千 禾 禾 禾 和 和
和		

奶奶	nǎinai 할머니	乙 纟 女 奶 奶 乙 纟 女 奶 奶
奶 奶		

哥哥	gēge 형(오빠)	一 丁 丌 可 可 可 哥 一 丁 丌 可 可 可 哥
哥 哥		

独生子女	dúshēng zǐnǚ 외동, 외동 자녀	丿 犭 犭 犯 独 独 独 丿 亻 仁 牛 生 生 乛 了 子 乙 女 女
独 生 子 女		

듣기

1. 녹음을 듣고 한국어로 의미를 적으세요.

① 你家有几口人?

_____

② 爸爸、妈妈、哥哥和我。

_____

③ 我家有两口人。

_____

④ 我是独生子女。

_____

2. 녹음을 듣고 한어병음을 적으세요.

① 我家有四口人。

_____

② 我有两个孩子。

_____

③ 你家有几口人?

_____

④ 你家都有什么人?

_____

NOTE

1.
① 口 kǒu 식구
② 哥哥 gēge 형, 오빠
③ 两 liǎng 둘
④ 独生子女 dúshēng zǐnǔ 외동, 외동 자녀

2.
① 우리 집에는 네 식구가 있어요.
② 나는 두 자녀가 있어요.
③ 당신은 식구가 몇 이에요?
④ 당신 가족은 구성 원이 누구인가요?

정답

듣기 1. ① 당신은 식구가 몇이에요?　② 아빠, 엄마, 오빠 그리고 저예요.　③ 우리 집에는 두 식구가 있어요.
④ 저는 외동이에요.　2. ① Wǒ jiā yǒu sì kǒu rén.　② Wǒ yǒu liǎng ge háizi.　③ Nǐ jiā yǒu jǐ kǒu rén?
④ Nǐ jiā dōu yǒu shénme rén?

 쓰기

3. 성조를 쓰세요.

① 几口人?

_____

② 老公和我。

_____

③ 两个孩子。

_____

④ 你家都有什么人?

_____

NOTE

3.
① Ji kouren?
② Laogong he wo.
③ Liang ge haizi.
④ Ni jia dou you shenme ren?

모바일 파트

핸드폰의 메모나 카카오톡 나에게 보내기를 통해 마지막으로 총정리 해봐요.

1. 우리 집은 네 식구예요.
2. 아빠, 엄마, 오빠(형)와 저예요.
3. 당신의 가족 구성원은 누구인가요?

힌트

1. '우리 집' 我家를 먼저 떠올리고 有로 중심을 잡아주세요. 그리고 '수량+양사+명사' 순서대로 '四+口+人'을 넣어주세요.
2. '아빠, 엄마, 오빠'까지 단어를 순서대로 넣어주고 마지막에 和로 연결하고 '나'를 넣으세요.
3. '당신 집'인 你家로 시작하세요. 이 문장은 전체적인 구성원을 묻는 것이기에 都를 넣고 그 다음에 있는지를 묻는 有를 넣으세요. 그리고 어떤 사람들에 해당하는 什么人를 넣고 뒤에 물음표를 하세요.

쓰기 3. ① 几口人 3성/3성/2성 ② 老公和我 3성/1성/2성/3성 ③ 两个孩子 3성/경성/2성/경성
④ 你家都有什么人 3성/1성/1성/3성/2성/경성/2성

모바일 1. 我家有四口人。 2. 爸爸、妈妈、哥哥和我。 3. 你家都有什么人?

중국 속으로

칭다오 맥주 VS 하얼빈 맥주

중국의 전통술은 도수가 강하기로 유명하죠. 그러나 중국의 맥주는 비교적 순하면서 깔끔해요. 중국에는 지역별로 맥주의 종류와 맛이 다양하지만 그중에서도 중국의 유명한 칭다오 맥주와 하얼빈 맥주를 소개해요.

	칭다오(Qīngdǎo) 맥주	하얼빈(Hā'ěrbīn) 맥주
본사	칭다오	하얼빈
역사	1903년(독일, 영국 합작)	1900년(중국 최초 맥주)
도수	8~12도	7~8도

사진 : 위키백과

第 八 课

dì bā kè

多少钱?

Duōshao qián?

얼마예요?

五块一斤。
5위안이에요.

芒果多少钱一斤?
망고 한 근에 얼마예요?

一共136块钱。
모두 합해서 136위안이에요.

服务员!一共多少钱?
종업원! 모두 얼마예요?

我要一杯冰美式咖啡。加牛奶加糖。
저는 아이스아메리카노 한 잔 원해요. 설탕과 우유를 넣어주세요.

好的,请等一下。
알겠습니다, 조금만 기다려주세요.

阿姨!给我三个月饼。
아주머니! 월병 3개 주세요.

你要袋子吗?
당신은 봉지 필요해요?

외국에 나가면 한번쯤 현지에서 나는 과일을 사거나 기념품 등을 직접 사야 하는 경우가 있어요. 이럴 때 필요한 회화가 가격 묻기예요. 중국은 여행지나 야시장 등에서 물건을 살 때 가격이 천차만별이기에 간단한 회화들을 익혀두면 노련하게 물건을 살 수 있어요. 그 전에 중국 화폐를 알아보고 가격 묻는 것 외에 커피, 음식 주문을 통해 현장감 있게 공부해요.

본문

 **대화 1** 과일 가게에서

망구어 뚜오샤오 치엔 이 진

冬冬 **芒果多少钱一斤？**
Mángguǒ duōshao qián yì jīn?

> '망구어'에서 끊고 '뚜오샤오 치엔'에서 끊고 '이 진'으로 읽으세요.

우 콰이 이 진

老板 **五块一斤。**
Wǔ kuài yì jīn.

> '우 콰이'에서 끊고 '이 진'으로 읽으세요.

게이 워 량 진 바

冬冬 **给我两斤吧。**
Gěi wǒ liǎng jīn ba.

> '게이 워'에서 끊고 '량 진 바'로 읽으세요.

대화 2 합계 물어보기

후우위엔 이공 뚜오샤오 치엔

秀珍 **服务员！一共多少钱？**
Fúwùyuán! Yígòng duōshao qián?

> '후우위엔' 읽고, '이공'에서 끊고 '뚜오샤오 치엔'으로 읽으세요.

이공 이바이 산슬 리이유 콰이 치엔

老板 **一共一百三十六块钱。**
Yígòng yìbǎi sānshí liù kuài qián.

> '이공'에서 끊고 '이바이 산슬 리이유'에서 끊고 '콰이 치엔'으로 읽으세요.

새 단어

- 芒果 mángguǒ 망고.
- 钱 qián 돈.
- 块 kuài ～원(화폐 단위). †元 yuán / 毛 máo / 角 jiǎo / 分 fēn
- 给 gěi ～주다.
- 服务员 fúwùyuán 종업원. †服务가 '서비스'이고, 员은 '어떤 분야에 종사하고 있는 사람'이에요.
- 一共 yígòng 모두, 전부. †합계를 묻거나 답할 때 사용해요.
- 要 yào 원하다.
- 冰 bīng 얼음, 아이스. †음료 앞에 冰을 붙이면 아이스 음료가 돼요.
- 美式咖啡 měishì kāfēi 아메리카노.
- 牛奶 niúnǎi 우유.

- 多少 duōshao 얼마, 몇.
- 斤 jīn 근 †1斤은 500g.
- 吧 ba ～하자.

해석

대화 1
동동 : 망고 한 근에 얼마예요?
주인 : 5위안이에요.
동동 : 두 근 주세요.

대화 2
수진 : 종업원! 모두 얼마예요?
종업원 : 135위안이에요.

대화 3 커피숍에서

워 야오 이 베이 삥 메이슬 카훼이　찌아 니우나이 찌아 탕

秀珍　我要一杯冰美式咖啡。加牛奶加糖。
Wǒ yào yì bēi bīng měishì kāfēi. Jiā niúnǎi jiā táng.

하오 더　칭 덩 이시아

老板　好的，请等一下。
Hǎo de, qǐng děng yíxià.

> '워 야오'에서 끊고 '이 베이'에서 끊고 '삥 메이슬 카훼이'로 읽으세요. '찌아 니우나이'에서 끊고 '찌아 탕'으로 읽으세요.

> '하오 더' 읽고, '칭'에서 끊고 '덩 이시아' 로 읽으세요.

대화 4 제과점에서

아이　게이 워 싼 거 위에빙

冬冬　阿姨！给我三个月饼。
Āyí! Gěi wǒ sān ge yuèbǐng.

> '아이' 읽고 '게이 워'에서 끊고 '싼 거'에서 끊고 '위에빙'으로 읽으세요.

니 야오 따이즈 마

老板　你要袋子吗？
Nǐ yào dàizi ma?

> '니 야오'에서 끊고 '따이즈 마'로 읽으세요.

워 야오 따이즈　씨에씨에

冬冬　我要袋子。谢谢。
Wǒ yào dàizi. Xièxie.

> '워 야오'에서 끊고 '따이즈'로 읽으세요. 我要 같이 3성에서 4성으로 넘어가는 구간은 개구리가 밑에서 위로 뛰어오르듯이 리듬을 만들어 주세요.

부　커치

老板　不客气。
Bú kèqi.

> '부'에서 살짝 소리를 올린 다음 '커치'는 올린 부분에서 내리면서 힘을 빼주세요.

- 糖 táng 설탕.
- 等 děng 기다리다. †'덩기덕~'이라고 할 때 '덩' 발음을 기억해 주면 좋아요.
- 一下 yíxià 좀 ~하다.
- 阿姨 āyí 이모, 아주머니. †이모처럼 편안하고 가까운 느낌의 아주머니를 대신 부르는 호칭으로 많이 사용해요.
- 月饼 yuèbǐng 월병. †전통적으로 추석 때 먹는 달처럼 동그란 모양의 음식이지만 평소에도 즐겨 먹어요.
- 袋子 dàizi 봉지.
- 不客气 bú kèqi 천만에요. †不(~하지 않다)+客气(사양하다). 不谢를 써도 돼요.

- 请 qǐng ~해 주세요.

해석

대화 3

수진 : 저는 아이스 아메리카노 한 잔 원해요. 설탕과 우유를 넣어주세요.
주인 : 알겠습니다. 조금만 기다려 주세요.

대화 4

동동 : 아주머니, 월병 3개 주세요.
아주머니 : 당신은 봉지 필요해요?
동동 : 저는 봉지 필요해요. 감사합니다.
아주머니 : 천만에요.

1 중국의 화폐

중국의 화폐는 RMB(人民币 rénmínbì)라고 해요.

1.00

	소수점 앞	소수점 두 번째	소수점 마지막
문서용 단위	元 yuán	角 jiǎo	分 fēn
회화용 단위	块 kuài	毛 máo	分 fēn

중국의 화폐를 말하는 단위에는 두 가지 방식이 있어요.

• 서면 : 문서상에서 사용하는 단위　　• 회화 : 말 그대로 회화에서 사용하는 단위

2 가격 읽는 법

숫자를 따로따로 대입해서 읽으세요.

3.69块 sān kuài liù máo jiǔ fēn

중간에 0이 두 개 연이어 있을 경우에 두 번째 0은 반드시 읽으세요.

10.05块 shí kuài líng wǔ fēn

소수점 뒤에 나머지 숫자가 00일 경우 块 뒤에 钱을 붙여서 읽으세요. 혹은 습관적으로 붙이기도 해요.

18.00块钱 shíbā kuài qián

마지막 分 단위는 회화에서는 생략이 가능해요.

3 100 이상 숫자

100 이상 숫자부터는 一가 붙어요.

一百 yìbǎi 백　一千 yìqiān 천　一万 yíwàn 만　一亿 yíyì 억　一兆 yízhào 조

중국은 항상 인구수가 10억이 넘었어요. 중국에 올라온 인기 동영상들의 조회 수는 보통 억 단위라는 사실! 중국의 화폐를 자세히 들여다보면 화폐 위쪽과 아래쪽에는 소수민족의 언어들이 아주 작게 쓰여 있어요. 중국은 毛 단위의 작은 돈도 지폐로 되어 있어요. 동전보다는 지폐를 선호해요. 그래서 아주 작은 단위의 돈도 지폐 유통이 많아요.

새 단어

• 平板电脑 píngbǎn diànnǎo 테블릿 PC.
† 平板은 '평평하다'는 뜻과 电脑(컴퓨터)라는 단어가 합쳐져서 테블릿 PC예요.

④ **동사 要** yào

要는 동사로 '원하다'라는 의미예요. 要는 마음의 흔들림이 없이 단호한 어감이 있어요. 무언가를 간절히 원하거나 반대로 확실하게 거절하고 싶을 때 要를 사용해요.

• 긍정문

我**要**平板电脑。 Wǒ yào píngbǎn diànnǎo. 저는 테블릿 PC를 원해요.

• 부정문

我不**要**平板电脑。 Wǒ bú yào píngbǎn diànnǎo. 저는 테블릿 PC를 원하지 않아요.

• 일반 의문문

你**要**平板电脑吗? Nǐ yào píngbǎn diànnǎo ma? 당신은 테블릿 PC를 원해요?

• 정반 의문문

你**要**不**要**平板电脑? Nǐ yào bú yào píngbǎn diànnǎo? 당신은 테블릿 PC를 원해요?

⑤ **请等一下**

'조금만 기다려 주세요.'라는 뜻이에요. 사실 이 문장은 '请 + 等一下'로 따로 분리가 가능해요.

① 请

'~해 주세요'라는 뜻으로 정중하게 부탁할 때 사용해요.

请进。 Qǐng jìn. 들어오세요.

만약에 进만 사용하면 상대방에게 명령하는 느낌을 줄 수 있어요.

② 等一下

동사 뒤에 '一下'를 쓰면 请보다 가볍게 사용할 수 있어요.

坐一下! Zuò yí xià! 앉으세요!

이 문장에서도 만약 상대방에게 坐만을 말한다면 '앉아!'라는 표현으로 다소 친절하지 않은 느낌을 줄 수 있어요. 그럴 경우 '你坐!'라고 앞에 상대방을 언급해 주면 명령의 느낌을 피할 수 있어요.

• 进 jìn 나아가다, 들어가다.
• 坐 zuò 앉다.

● 성조가 완전해졌다면 이번에는 중국어 한자만 보고 한어병음을 읽으세요.

대화1

과일 가게에서

冬冬　芒果多少钱一斤？

老板　五块一斤。

冬冬　给我两斤吧。

5위안이에요.

망고 한 근에 얼마예요?
두 근 주세요.

대화2

합계 물어보기

秀珍　服务员！一共多少钱？

老板　一共一百三十六块钱。

135위안이에요.

종업원! 모두 얼마예요?

대화3

커피숍에서

秀珍　我要一杯冰美式咖啡。
　　　加牛奶加糖。

老板　好的，请等一下。

저는 아이스 아메리카노
한 잔 원해요. 설탕과
우유를 넣어주세요.

알겠습니다. 조금만
기다려 주세요.

대화4

제과점에서

冬冬　阿姨！给我三个月饼。

老板　你要袋子吗？

冬冬　我要袋子。谢谢。

老板　不客气。

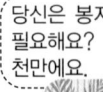

당신은 봉지
필요해요?
천만에요.

아주머니, 월병 3개 주세요.
저는 봉지 필요해요. 감사합니다.

钱	qián 돈	ノ 乍 钅 钅 钅 钱 钱 钱
钱		

给	gěi ~주다	乡 纟 纩 纩 给 给 给
给		

要	yào 원하다	一 戸 両 西 覀 要 要
要		

块	kuài ~원(화폐 단위)	一 十 土 圹 圹 块 块
块		

多少	duōshao 얼마, 몇	ノ ク タ 夕 多 多　　　　 l 川 小 少
多 少		

芒果	mángguǒ 망고	一 十 艹 艹 芒 芒　　　　 口 日 旦 旦 早 果 果
芒 果		

一共	yígòng 모두, 전부	一　　　　 一 十 艹 共 共 共
一 共		

服务员	fúwùyuán 종업원	月 月 月 肝 服 服　　 ノ ク 久 冬 务 丶 口 口 尸 吊 员 员
服 务 员		

🎧 듣기

1. 녹음을 듣고 한국어로 의미를 적으세요.

① 多少钱?

_____

② 一斤五块。

_____

③ 请等一下。

_____

④ 一共多少钱?

_____

2. 녹음을 듣고 한어병음을 적으세요.

① 给我两斤吧。

_____

② 不客气。

_____

③ 一共

_____

④ 你要袋子吗?

_____

정답

듣기 1. ① 얼마예요? ② 1근에 5위안이에요. ③ 잠시만 기다려 주세요. ④ 모두 얼마예요?
2. ① Gěi wǒ liǎng jīn ba. ② Bú kèqi. ③ yígòng ④ Nǐ yào dàizi ma?

3. 성조를 쓰세요.

① 芒果多少钱一斤?

_____

② 我要一杯美式咖啡。

_____

③ 我要袋子。

_____

④ 给我三个月饼。

_____

NOTE

3.
① Mangguo
   duoshao qian yi
   jin?
② Wo yao yibei
   meishi kafei.
③ Wo yao daizi.
④ Gei wo san ge
   yuebing.

모바일 파트

핸드폰의 메모나 카카오톡 나에게 보내기를 통해 마지막으로 총정리 해봐요.

1. 종업원! 얼마예요?
2. 모두 얼마예요?
3. 저는 아이스 아메리카노 한 잔을 원해요. 우유와 설탕을 넣어주세요.

힌트

1. 종업원 단어는 남녀 구분 없이 服务员! 수량의 범위가 커질 때 多少를 사용하고, 뒤에 钱 넣고 물음표 하세요.
2. '모두 합해서'는 一共을 먼저 떠올리고 1번과 똑같이 多少 뒤에 钱 넣고 물음표 하세요.
3. 주어 '나'는 我이고 '원하다' 동사 要를 떠올리세요. 원하는 것은 아이스 아메리카노(미국식 커피) 한 잔이라
   고 했으니 要 뒤에 바로 '수량+양사+명사' 순으로 一杯冰美式咖啡라고 넣으세요. 옵션으로 우유와 설탕도 원
   한다고 했으니 '더하다' 동사 加에 '우유+加+설탕' 순으로 마무리하세요.

쓰기 3. ① 芒果多少钱一斤 2성/3성/1성/3성/2성/4성/1성 　② 我要一杯美食咖啡 3성/4성/4성/1성/3성
/4성/1성/1성 　③ 我要袋子 3성/4성/4성/경성 　④ 给我三个月饼 3성/3성/1성/경성/4성/3성
모바일 1. 服务员!多少钱? 　2. 一共多少钱? 　3. 我要一杯冰美式咖啡。加牛奶加糖。

중국 속으로

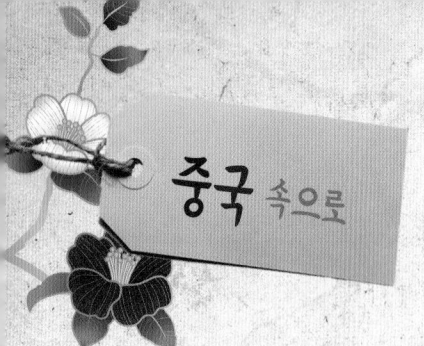

중국의 화폐

중국의 화폐는 인민폐라 부르고, 영어로는 RMB라고 표기해요. 중국의 화폐 오른쪽에 보이는 사람은 1949년에 중화인민공화국을 세운 모택동(毛泽东) 주석이에요.

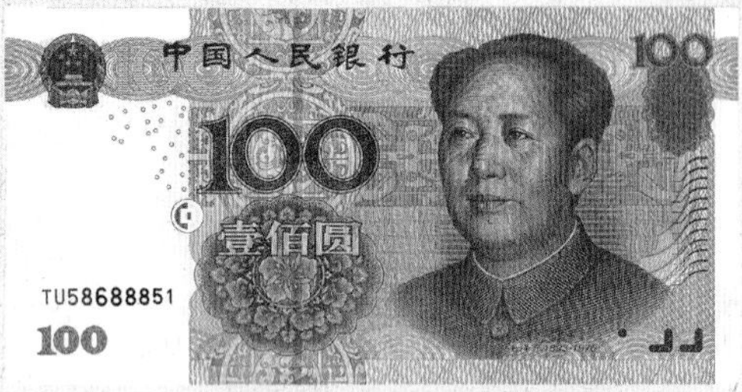

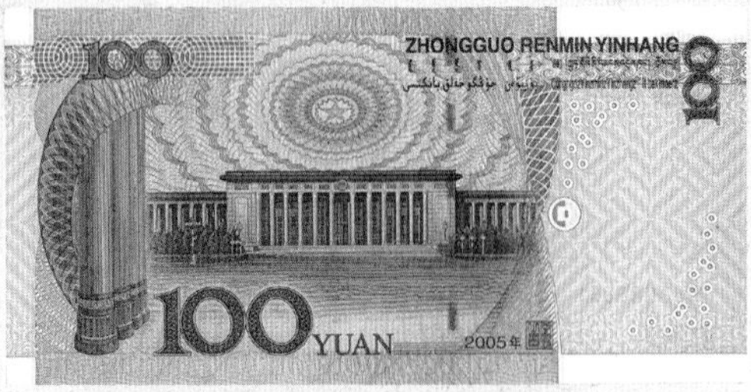

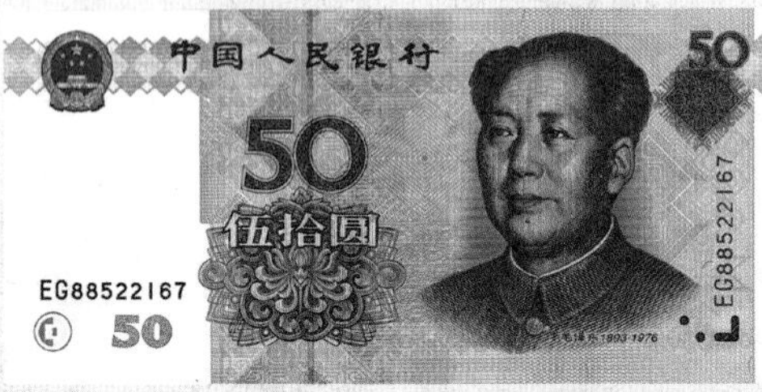

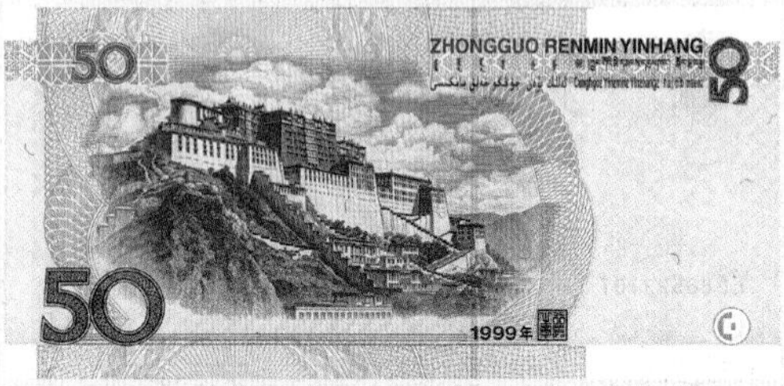

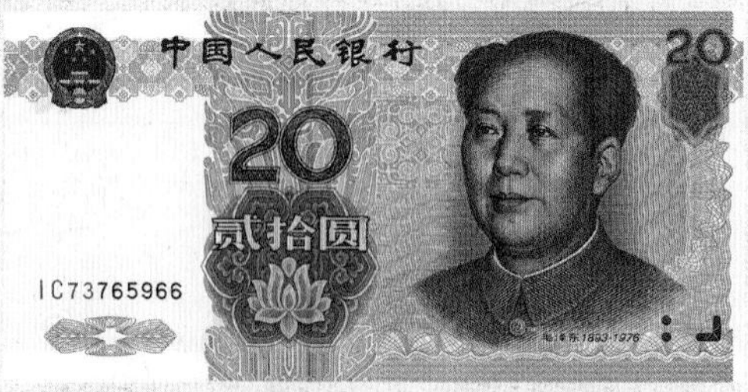

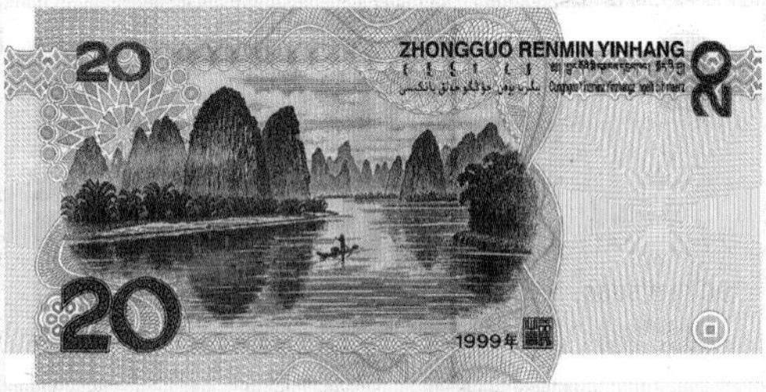

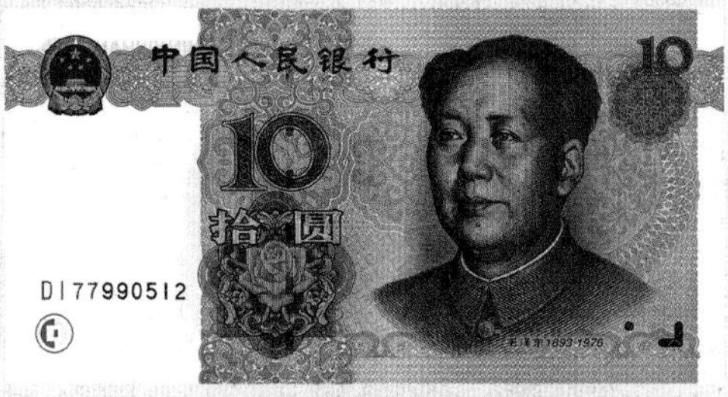

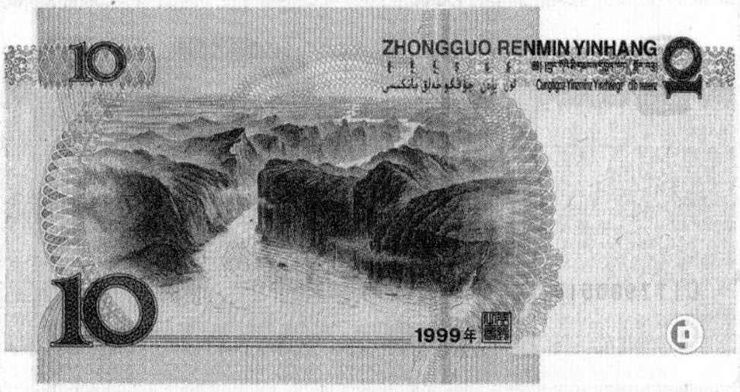

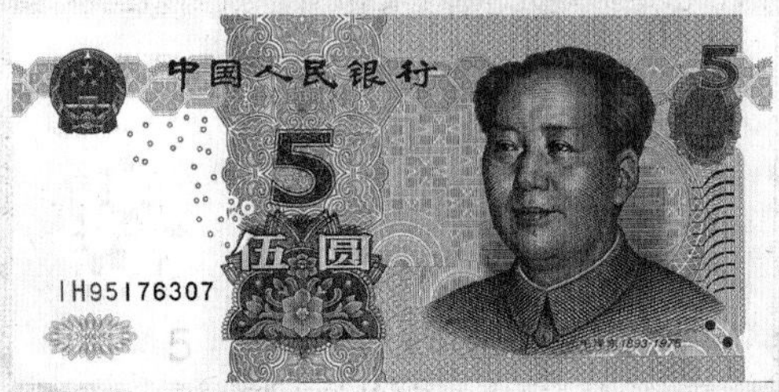

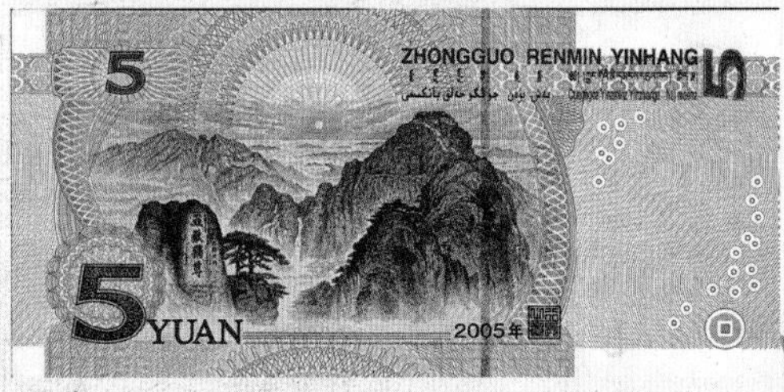

第九课

dì jiǔ kè

现在几点?

Xiànzài jǐ diǎn?

지금 몇 시예요?

现在几点?
지금 몇 시예요?

现在两点半。
지금 두 시 반이에요.

我太饿了。现在几点?
배가 아주 많이 고파요. 지금 몇 시예요?

现在十二点。
我们吃午饭吧!
지금 12시예요. 우리 점심 식사해요!

健身房几点开门?
헬스장은 몇 시에 문을 열어요?

上午九点。
오전 9시예요.

下午四点可以见吗?
오후 4시에 만날 수 있어요?

可以。
괜찮아요.

이번 과에서는 시간에 필요한 단위를 같이 공부하고 서로 시간을 묻고 대답하는 연습을 해요. 중국어 문장에서 시간은 동사보다 앞에 위치하는데 그 만큼 시간의 중요성을 말해요. 시간을 배치해서 문장들을 간단히 만들어 보고 연습해요. 그러다 보면 자신도 모르는 사이에 어느덧 문장을 보는 힘이 생길 거예요.

 본문

 대화 1 현재 시간 묻기 1

씨엔짜이 지 디엔
冬冬　现在几点?
　　　Xiànzài jǐ diǎn?

'씨엔짜이'에서 끊고 '지'에서 살짝 올린 후 '디엔'은 낮게 눌러서 읽으세요.

씨엔짜이 량 디엔 빤
秀珍　现在两点半。
　　　Xiànzài liǎng diǎn bàn.

'씨엔짜이'에서 끊고 '량'에서 살짝 올리고 '디엔'은 낮게 누른 후 마지막 '빤'을 세게 내려주세요.

 대화 2 현재 시간 묻기 2

워 타이 어 러　　　씨엔짜이 지 디엔
冬冬　我太饿了。现在几点?
　　　Wǒ tài è le. Xiànzài jǐ diǎn?

'워'에서 끊고 '타이 어 러'로 읽으세요. '씨엔짜이'에서 끊고 '지 디엔'으로 읽으세요. 我太饿了에서 太 발음에 주의하세요. 'ㅌ' 발음을 정확하게 하고 4성이니까 힘 있게 내려주셔야 돼요.

씨엔짜이 슬알 디엔　　워먼 츨 우환 바
秀珍　现在十二点。我们吃午饭吧!
　　　Xiànzài shí'èr diǎn. Wǒmen chī wǔfàn ba!

'씨엔짜이'에서 끊고 '슬알 디엔'으로 읽으세요. '워먼 츨'에서 끊고 '우환 바'로 읽으세요.

 새 단어

- 现在 xiànzài 지금, 현재.
- 点 diǎn ~시.
- 半 bàn 절반.
  † '半半 반반' 시간상에서는 30분을 대신해서 말해요.
- 太 tài 지나치게, 극히.
- 饿 è 배고프다.
- 午饭 wǔfàn 점심 식사.
- 健身房 jiànshēnfáng 헬스클럽, 체육관.
  † 健身은 '몸을 튼튼히 하다'이고 房은 '방, 공간이 있는 장소'를 말해요.

해석

대화 1
동동 : 지금 몇 시예요?
수진 : 지금 두 시 반이에요.

대화 2
동동 : 배가 아주 많이 고파요. 지금 몇 시예요?
수진 : 지금 12시예요. 우리 점심 식사해요!

대화 3 오픈 시간 묻기

찌엔션황　지 디엔　카이먼

冬冬　健身房几点开门?

Jiànshēnfáng jǐ diǎn kāimén?

> '찌엔션황'에서 끊고 '지 디엔'에서 끊고 '카이먼'으로 읽으세요.

샹우　지유 디엔

秀珍　上午九点。

Shàngwǔ jiǔ diǎn.

> '샹우'에서 끊고 '지유 디엔'로 읽으세요.

대화 4 약속 시간 조정하기

씨아우 쓰 디엔 커어이 찌엔 마

冬冬　下午四点可以见吗?

Xiàwǔ sì diǎn kěyǐ jiàn ma?

> '씨아우 쓰 디엔'에서 끊고 '커어이 찌엔 마'로 읽으세요.

커어이

秀珍　可以。

Kěyǐ.

- 开门 kāimén 문을 열다.
- 上午 shàngwǔ 오전.
- 下午 xiàwǔ 오후.
- 可以 kěyǐ 괜찮다.

해석

대화 3

둥둥 : 헬스장은 몇 시에 문을 열어요?

수진 : 오전 9시예요.

대화 4

둥둥 : 오후 4시에 만날 수 있어요?

수진 : 괜찮아요.

1 시간의 단위

시간의 단위	点 diǎn (시)	分 fēn (분)

대화에 시간이 나올 경우에는 당황하지 말고 시간을 표현하는 단어가 어디까지인지를 우선 체크하세요. 그러면 문장을 보는 것이 훨씬 편해요.

明天下午5点喝咖啡吧。 Míngtiān xiàwǔ wǔ diǎn hē kāfēi ba.　내일 오후 5시에 커피 마셔요

明天下午5点 / 喝咖啡 / 吧。
시간의 범위 / 커피 마시다 / ~해요.

■ 15분 단위로 쓰이는 용어

一刻 yí kè 15　　半 bàn 30　　三刻 sān kè 45

2 差를 이용한 시간 표현

差가 나올 때는 분(分)을 먼저 쓰고 그 다음에 시간(点)을 써요.

十点五十五分　　=　差五分十一点
shídiǎn wǔshíwǔ fēn　　chà wǔ fēn shíyī diǎn
10시 55분　　　　　5분 전 11시

九点三刻　　　=　差一刻十点
jiǔ diǎn sān kè　　　chà yí kè shí diǎn
9시 45분　　　　　15분 전 10시

3 几点开门?

'몇 시에 문을 열어요?'라는 뜻이에요. 중국어를 공부하면서 많이 헷갈리는 부분이 시간이 나오는 부분이에요. '시간은 금이다!'라는 명언도 있듯이 우선 시간을 말하고 그 다음에 동작을 말해요.

새 단어

• 分 fēn ~분.
• 一刻 yí kè 15분.
• 差 chà 부족하다, 모자라다.
• 起床 qǐchuáng 일어나다, 기상하다.　† 起는 '일어나다'이고 床은 '침대'인데, 둘이 합쳐져서 '기상하다'라는 의미로 쓰여요.

我八点起床。 Wǒ bā diǎn qǐchuáng. (○) 저는 8시에 일어나요.

我起床八点。 Wǒ qǐchuáng bā diǎn. (×)

我十一点睡觉。 Wǒ shíyī diǎn shuìjiào. (○) 저는 11시에 자요.

我睡觉十一点。 Wǒ shuìjiào shíyī diǎn. (×)

4 **可以** kěyǐ

可以는 '괜찮다, ~해도 좋다'라는 뜻으로, 상황적으로 비즈니스 관계이거나 지인 사이에서 조심스럽고 정중하게 부탁하고 싶을 때 사용해요.

服务员，这个**可以**打包吗？ Fúwùyuán, zhège kěyǐ dǎbāo ma? 종업원, 이것 포장되나요?

5 **太饿了！**

'너무 배고파요!'라는 뜻으로, 여기서 太는 조금 더 솔직한 감정을 표현하고 싶을 때나 과분한 감정을 전달할 때 도움을 줘요.

太远了！ Tài yuǎn le! 너무 멀어요!

太谢谢你了！ Tài xièxie nǐ le! 너무 감사해요!

太好吃了！ Tài hǎochī le! 너무 맛있어요!

6 **吧** ba

상대방에게 가볍게 권유하거나 혹은 '~하자고' 제안하고 싶을 때 문장 끝에 吧를 사용해요.

你喝**吧**。 Nǐ hē ba. 당신 마시세요.

我们去健身房**吧**。 Wǒmen qù jiànshēnfáng ba. 우리 헬스장에 갑시다.

• 睡觉 shuìjiào 자다.
• 打包 dǎbāo 포장하다.
• 远 yuǎn 멀다.
• 好吃 hǎochī 맛있다.

◐ 성조가 완전해졌다면 이번에는 중국어 한자만 보고 한어병음을 읽으세요.

대화1

현재 시간 묻기 1

지금 몇 시예요?   지금 두 시 반이에요.

冬冬　现在几点？

秀珍　现在两点半。

대화2

현재 시간 묻기 2

배가 아주 많이 고파 요. 지금 몇 시예요?   지금 12시예요. 우 리 점심 식사해요!

冬冬　我太饿了。现在几点？

秀珍　现在十二点。
　　　我们吃午饭吧！

대화3

오픈 시간 묻기

헬스장은 몇 시에 문을 열어요?   오전 9시에요.

冬冬　健身房几点开门？

秀珍　上午九点。

대화4

약속 시간 조정하기

오후 4시에 만날 수 있어요?   괜찮아요.

冬冬　下午四点可以见吗？

秀珍　可以。

点	diǎn ~시	丶 ㅏ ㅑ 占 占 占 点
点		

分	fēn ~분	丿 八 分 分
分		

半	bàn 반, 절반	丶 丷 丷 半 半
半		

开门	kāimén 문을 열다	一 二 于 开 ‖ 丶 丨 门
开门		

下午	xiàwǔ 오후	一 丁 下 ‖ 丿 一 二 午
下午		

可以	kěyǐ 괜찮다	一 一 丙 丙 可 ‖ 丨 丨 以 以
可以		

现在	xiànzài 지금, 현재	一 二 干 王 玑 珥 珥 现 ‖ 一 广 才 才 在 在
现在		

健身房	jiànshēnfáng 헬스클럽, 체육관	亻 亻 亻 仴 伊 伊 健 ‖ 丿 亻 勺 勺 身 身 身 丶 宀 宀 户 户 房 房
健身房		

듣기

1. 녹음을 듣고 한국어로 의미를 적으세요.

① 现在几点？

_____

② 现在两点半。

_____

③ 现在十二点。我们吃午饭吧！

_____

④ 下午四点可以见吗？

_____

2. 녹음을 듣고 한어병음을 적으세요.

① 现在两点半。

_____

② 健身房几点开门？

_____

③ 上午九点。

_____

④ 可以吗？

_____

NOTE

1.
① 点 diǎn ~시
② 半 bàn 절반
③ 午饭 wǔfàn 점심 식사
④ 可以 kěyǐ 괜찮다

2.
① 지금 두 시 반이 에요.
② 헬스장은 몇 시에 문을 열어요?
③ 오전 9시에요.
④ 괜찮나요?

정답

 듣기   1. ① 지금 몇 시예요?   ② 지금 두 시 반이에요.   ③ 지금 12시예요. 우리 점심 식사해요.
③ 오후 4시에 만날 수 있어요?   2. ① Xiànzài liǎng diǎn bàn.   ② Jiànshēnfáng jǐ diǎn kāimén?
③ Shàngwǔ jiǔ diǎn.   ④ Kěyǐ ma?

 쓰기

3. 성조를 쓰세요.

① 现在几点?

_____

② 健身房九点开门。

_____

③ 我们吃午饭吧!

_____

④ 几点开门?

_____

NOTE

3.
① Xianzai ji dian?
② Jianshenfang jiu dian kaimen.
③ Women chi wufan ba!
④ Ji dian kaimen?

모바일 파트

핸드폰의 메모나 카카오톡 나에게 보내기를 통해 마지막으로 총정리 해봐요.

1. 지금 몇 시예요?
2. 지금 두 시 반이에요.
3. 헬스장은 몇 시에 문을 열어요?

힌트

1. '지금' 단어인 现在를 제일 앞에 넣고 '몇 시'를 묻는 것이니 几 뒤에 시간 단위인 点을 넣고 물음표 하세요.
2. '지금' 단어인 现在를 제일 앞에 넣고 시간의 정보 '두 시 반'을 넣으면 되는데, 이때 2는 二이 아닌 两으로 하는 것에 주의하세요.
3. '헬스장' 단어인 健身房를 먼저 넣고 '몇 시'에 해당하는 几点 뒤에 '문을 열다'인 开门을 넣고 물음표 하세요.

쓰기 3. ① 现在几点 4성/4성/3성/3성   ② 健身房九点开门 4성/1성/2성/3성/3성/1성/2성
③ 我们吃午饭吧 3성/경성/1성/3성/4성/경성   ④ 几点开门 3성/3성/1성/2성

모바일 1. 现在几点?   2. 现在两点半。   3. 健身房几点开门?

번호로 알아보는 재밌는 중국어

520	我爱你 wǒ ài nǐ	나는 너를 사랑해
1314520	一生一世我爱你 yì shēng yí shì wǒ ài nǐ	한평생 당신을 사랑해
88	拜拜 bàibai	바이바이, 잘 가
56	无聊 wúliáo	재미없다, 지루하다
58	晚安 wǎnān	잘 자
918	加油吧 jiāyóuba	파이팅 하자
987	对不起 duìbuqǐ	미안해요
440	谢谢你 xièxie nǐ	고마워요

- 一生一世 yìshēngyíshì 한평생, 일생
- 加油 jiāyóu 힘내다, 파이팅

你的生日是几月几号?

Nǐ de shēngrì shì jǐ yuè jǐ hào?

당신의 생일은 몇 월 며칠이에요?

第十课

dì shí kè

누구에게나 생일은 1년에 한 번 꼭 있죠? 이번 과에는 숫자와 관련된 생활에 필요한 테마들을 각각의 대화 속에 담았어요. 생일, 요일, 나이, 전화번호를 묻고 대답하는 내용을 알아보고 공부해요.

본문

대화 1 생일 묻기

冬冬
니 더 성를 슬 지 위에 지 하오
你的生日是几月几号?
Nǐ de shēngrì shì jǐ yuè jǐ hào?

'니 더 성를 슬'에서 끊고 '지 위에 지 하오'로 읽으세요.

秀珍
워 더 성를 슬 쓰 위에 치 하오
我的生日是四月七号。
Wǒ de shēngrì shì sì yuè qī hào.

'워 더 성를 슬'에서 끊고 '쓰 위에 치 하오'로 읽으세요.

대화 2 요일 묻기

冬冬
허우티엔 슬 씽치 지
后天是星期几?
Hòutiān shì xīngqī jǐ?

'허우티엔 슬'에서 끊고 '씽치 지'로 읽으세요.

秀珍
허우티엔 슬 씽치우
后天是星期五。
Hòutiān shì xīngqīwǔ.

'허우티엔 슬'에서 끊고 '씽치우'로 읽으세요.

새 단어

• 生日 shēngrì 생일.
• 月 yuè 월, 달.
• 号 hào 날, 호.
  † 날짜, 사이즈, 지하철 출구 등을 말할 때 사용하는 단위예요.
• 日 rì 날.
  † 日은 회화보다는 문서체로 주로 사용해요.
• 后天 hòutiān 모레.
• 星期 xīngqī 주, 요일.

해석

대화 1
동동 : 당신의 생일은 몇 월 며칠이에요?
수진 : 저의 생일은 4월 7일이에요.

대화 2
동동 : 모레는 무슨 요일이에요?
수진 : 모레는 금요일이에요.

대화 3 나이 묻기

冬冬
니 뚜어 따
你多大？
Nǐ duō dà?

'니'에서 끊고 '뚜어 따'로 읽으세요.

秀珍
워 싼슬얼 쓰웨이
我 32 岁。
Wǒ sānshí'èrsuì.

'워 싼슬얼'에서 끊고 '쓰웨이'로 읽으세요.

대화 4 전화번호 묻기

冬冬
니 더 셔우지 하오마 슬 뚜오샤오
你的手机号码是多少？
Nǐ de shǒujī hàomǎ shì duōshao?

'니 더 셔우지 하오마 슬'에서 끊고 '뚜오 샤오'로 읽으세요.

秀珍
워 더 셔우지 하오마 슬
我的手机号码是 010-7578-0133。
Wǒ de shǒujī hàomǎ shì líng yāo líng qī wǔ qī bā líng yāo sān sān.

'워 더 셔우지 하오마 슬'에서 끊고 '링 야오 링'에서 끊고 '치 우 치 빠'에서 끊고 '링 야오 싼 싼'으로 읽으세요.

- 星期五 xīngqīwǔ 금요일.
- 多大 duō dà 얼마, 몇.
- 岁 suì ~세, 살.
  † 나이를 말할 때 쓰는데 '我+숫자(여러분 나이)+岁'로 기억하세요.
- 手机 shǒujī 핸드폰, 휴대전화.
- 号码 hàomǎ 번호.
  † 전화번호, 핸드폰 번호, 우편번호 등을 말할 때 사용하는 단위예요.

해석

대화 3
동동 : 당신은 몇 살이에요?
수진 : 저는 32살이에요.

대화 4
동동 : 당신의 핸드폰 번호는 몇 번이에요?
수진 : 저의 핸드폰 번호는 010-7578-0133이에요.

① 명사 술어문

여러 종류의 명사가 있지만 그중에서 중요한 정보를 담고 있는 '시간 · 요일 · 날짜 · 나이 · 가격'들이 술어로 오는 것을 말해요.

> 주어 + 시간/요일/날짜/나이/가격

- 긍정문 : 주어 + 是 + (시간/요일/날짜/나이/가격)

  今天**是**星期五。 Jīntiān shì xīngqīwǔ. 오늘은 금요일이에요.

  ☞긍정문에서는 동사 是 생략이 가능해요.

- 부정문 : 주어 + 不是 + (시간/요일/날짜/나이/가격)

  今天**不是**星期五。 Jīntiān bú shì xīngqqīwǔ. 오늘은 금요일이 아니에요.

② 년도, 월, 날짜

> 年 > 月 > 号/日
> nián yuè hào/rì

년도를 말할 때는 숫자를 개별적으로 읽으세요.

今年是2021年。 Jīnnián shì èr líng èr yī nián. 올해는 2021년입니다.

날짜를 말할 때 쓰는 단위는 号와 日이 있는데, 회화에서는 号를 많이 사용해요. 반면 日은 문서상에서 많이 볼 수 있어요.

8月18号/日 bā yuè shíbā hào/rì 8월 18일

☞8월 18일은 북경에서 2008년에 올림픽을 개최한 날이에요.

③ 요일

> 星期 + 1~6
> xīngqī yī ~ liù

 **새 단어**

- 年 nián ~해.
- 星期天 xīngqītiān 일요일.
- 今年 jīnnián 올해.
- 周日 zhōurì 일요일.
- 小朋友 xiǎopéngyou 어린아이, 꼬마 친구.
  † 어린이집, 유치원에 다니는 나이대 아이들을 이름 대신 小朋友라고 불러요.

星期一 xīngqīyī	星期二 xīngqī'èr	星期三 xīngqīsān	星期四 xīngqīsì	星期五 xīngqīwǔ	星期六 xīngqīliù	星期天 xīngqītiān
월요일	화요일	수요일	목요일	금요일	토요일	일요일

요일은 일요일만 주의해 주세요. 토요일까지는 星期 뒤에 숫자를 순서대로 적용하면 되지만 일요일은 뒤에 숫자가 아닌 '天 tiān'이 와요.

☞요일은 문서나 서류상에서 사용할 때는 주로 '周+1~6'의 형태를 사용해요. 일요일은 '周日 zhōurì'라고 해요.

④ 나이 묻기

나이를 묻는 질문은 연령에 따라 구분이 있어요.

① 10살 이하의 아이

小朋友你几岁？ Xiǎopéngyou nǐ jǐ suì? 꼬마 친구, 너는 몇 살이니?

② 일반 성인이라면

你多大？ Nǐ duō dà? 당신은 몇 살이에요?

③ 상대방이 중년층 이상이거나 업무상 만나는 사이라면

您多大年纪？ Nín duō dà niánjì? 연세가 어떻게 되세요?

⑤ 幺 yāo

휴대폰 번호, 전화번호, 방 번호, 차량 번호, 비밀번호 등에서 숫자 1은 幺로 말해요. 한국에서도 숫자가 많은 것을 말할 때 '1'이라 하지 않고 '하나'라고 말하는 것과 같아요.

• 전화번호 : 400 - 813 - 1166 sì líng líng - bā yāo sān - yāo yāo liù liù

• 방 번호 : 501 wǔ líng yāo

• 차량 번호 : 京Z954313 jīng Z jiǔ wǔ sì sān yāo sān

☞차량 번호 京은 北京(베이징)을 줄인 의미예요. 중국에서는 거주하는 지역을 대표하는 지역 명이 차량 번호 앞에 붙어요.

•多 duō 많다.
•年纪 niánjì 연령, 나이.
•零 líng 제로, 0.

•大 dà (나이가) 많다.
•幺 yāo 하나.

○ 성조가 완전해졌다면 이번에는 중국어 한자만 보고 한어병음을 읽으세요.

대화1

생일 묻기

당신의 생일은 몇 월 며칠이에요? 저의 생일은 4월 7일이에요.

冬冬　你的生日是几月几号?

秀珍　我的生日是四月七号。

대화2

요일 묻기

모레는 무슨 요일이에요? 모레는 금요일이에요.

冬冬　后天是星期几?

秀珍　后天是星期五。

대화3

나이 묻기

당신은 몇 살이에요? 저는 32살이에요.

冬冬　你多大?

秀珍　我32岁。

대화4

전화번호 묻기

당신의 핸드폰 번호는 몇 번이에요? 저의 핸드폰 번호는 010-7578-0133이에요.

冬冬　你的手机号码是多少?

秀珍　我的手机号码是
010-7578-0133。

岁	suì ~세, 살	丨 屮 屮 屮 岁 岁								
岁										

生 日	shēngrì 생일	丿 ㅏ 느 牛 生	丨 冂 冃 日							
生 日										

星 期	xīngqī 주, 요일	冂 日 尸 尸 尸 导 星 星	一 廿 苴 其 其 期 期 期							
星 期										

后 天	hòutiān 모레	丿 厂 厂 斤 后 后	一 二 于 天							
后 天										

多 大	duō dà 얼마, 몇	丿 夕 夕 夕 多 多	一 ナ 大							
多 大										

年 纪	niánjì 연령, 나이	丿 ㅏ 느 느 乍 年	乚 乡 纟 纪 纪 纪							
年 纪										

号 码	hàomǎ 번호	丨 冂 口 므 号	丨 ㄱ 口 吗 吗 吗							
号 码										

星 期 天	xīngqītiān 일요일	冂 日 尸 尸 尸 导 星 星 一 廿 苴 其 其 期 期 期 一 二 于 天								
星 期 天										

듣기

1. 녹음을 듣고 한국어로 의미를 적으세요.

① 你的生日是几月几号?

_____

② 后天是星期五。

_____

③ 我32岁。

_____

④ 我的手机号码是010-7578-0133。

_____

2. 녹음을 듣고 한어병음을 적으세요.

① 我的生日是4月7号。

_____

② 后天是星期几?

_____

③ 你多大?

_____

④ 你的手机号码是多少?

_____

NOTE

1.
① 几月几号 jǐ yuè jǐ hào 몇 월 며칠
② 后天 hòutiān 모레
③ 岁 suì ~세, 살
④ 号码 hàomǎ 번호

2.
① 저의 생일은 4월 7일이에요.
② 모레는 무슨 요일이에요?
③ 당신은 몇 살이에요?
④ 당신의 핸드폰 번호는 몇 번이에요?

정답

 듣기 1. ① 당신의 생일은 몇 월 며칠이에요?   ② 모레는 금요일이에요.   ③ 저는 32살이에요.
④ 저의 핸드폰 번호는 010-7578-01330이에요.   2. ① Wǒ de shēngrì shì sì yuè qī hào.
② Hòutiān shì xīngqī jǐ?   ③ Nǐ duō dà?   ④ Nǐ de shǒujī hàomǎ shì duōshao?

 쓰기

3. 성조를 쓰세요.

① 几月几号?

_____

② 后天是星期五。

_____

③ 你多大?

_____

④ 手机号码是多少?

_____

NOTE

3.
① Ji yue ji hao?
② Houtian shi xingqiwu.
③ Ni duo da?
④ Shouji haoma shi duoshao?

모바일 파트 ⋯

핸드폰의 메모나 카카오톡 나에게 보내기를 통해 마지막으로 총정리 해봐요.

1. 당신의 생일은 몇 월 며칠이에요?   ☞질문을 작문한 후에 여러분의 생일도 적어 보세요!
2. 저는 32살이에요.   ☞여러분의 나이로도 바꿔서 적어 보세요.
3. 당신의 핸드폰 번호는 몇 번이에요?

━━━ 힌 트 ━━━━━━━━━━━━━━━━━

1. 당신의 생일이니까 당신인 你와 생일 生日 사이에 的를 넣고 是로 중심을 잡아주세요. 그 다음에 '몇 월 며칠'을 '几+달+几+일' 하고 물음표 하세요.
2. 주어 '나'인 我를 먼저 떠올리고 숫자 32 뒤에 岁를 넣으세요.
3. '당신의 핸드폰 번호'는 你와 手机号码 사이에 的를 넣고 是로 중심을 잡으세요. 번호는 숫자의 범위가 넓기 때문에 多少를 넣고 물음표 하세요.

 쓰기 3. ① 几月几号 3성/4성/3성/4성   ② 后天是星期五 4성/1성/4성/1성/1성/3성
    ③ 你多大 3성/1성/4성   ④ 手机号码是多少 3성/1성/4성/3성/4성/1성/3성
모바일 1. 你的生日是几月几号?   2. 我32岁。   3. 你的手机号码是多少?

중국 속으로

외래어

유명한 해외 브랜드, 음식점 이름 등은 어떻게 만드는 것일까? 가장 대표적인 단어들을 보면 'Starbucks(스타벅스) 星巴克, Apple(애플) 苹果' 등이 있어요.

중국 교육부

공식 언어문자 작업 위원회

해외에서 들어오는 단어들을 만드는 대표적인 방법으로는 음역과 의역을 들 수 있어요. 음역은 '星巴克 xīngbākè 스타벅스(Starbucks)' 단어처럼 한자음을 가지고 외국어의 음을 표현하는 방식이에요. 의역은 '苹果 píngguǒ 애플(Apple)' 단어처럼 한자의 뜻을 살려 만든 방식이에요. 최근 추세는 의역보다는 음역을 더 많이 사용한다고 해요.

영어 그대로 사용하는 단어들도 있어요.

예를 들면, 'Application'을 '앱 → App'으로 줄여서 '에피피'라고 말해요.

星巴克

苹果手机

星巴克在哪儿?

Xīngbākè zài nǎr?

스타벅스는 어디에 있어요?

第 十 一 课

dì shíyī kè

问一下!星巴克在哪儿?
말씀 좀 물을게요. 스타벅스는 어디에 있어요?

星巴克在新韩银行的旁边。
스타벅스는 신한은행 옆에 있어요.

我的苹果耳机在哪儿?
내 애플 이어폰은 어디에 있어요?

你的苹果耳机在桌子上。
당신의 애플 이어폰은 테이블 위에 있어요.

对不起,我在宏大入口地铁站。还有三个站。
미안해요. 저는 홍대입구역에 있어요. 세 정거장 남았어요.

喂,你在哪儿?
여보세요, 당신은 어디세요?

洗手间怎么走?
화장실 어떻게 가요?

往前走,然后再往右拐就是。
앞으로 가세요. 그리고 나서 다시 오른쪽으로 꺾으면 바로입니다.

우리는 처음 가는 장소이거나 익숙하지 않은 곳에 있을 때에 길을 묻는 상황이 생겨요. 실제로 한국에서도 중국인 관광객들에게 길을 안내했던 경험이 있어요. 길 찾기에 꼭 필요한 건 방향사와 여러 장소 단어들이에요. 이번 과에서는 길 찾기에 필요한 문법들을 방향사와 장소 단어에 같이 녹여서 공부해요.

冬冬　원　이시아　　　씽바커　짜이　날
问一下! 星巴克在哪儿?
Wèn yíxià! Xīngbākè zài nǎr?

'원 이시아' 읽고, '씽바커'에서 끊고 '짜이 날'로 읽으세요.

行人　씽바커　　짜이　씬한　인항　더　팡비엔
星巴克在新韩银行的旁边。
Xīngbākè zài Xīnhán Yínháng de pángbiān.

'씽바커 짜이'에서 끊고 '씬한 인항 더'에서 끊고 '팡비엔'으로 읽으세요.

冬冬　워　더　핑구어　얼지　짜이　날
我的苹果耳机在哪儿?
Wǒ de Píngguǒ ěrjī zài nǎr?

'워 더'에서 끊고 '핑구어 얼지'에서 끊고 '짜이 날'로 읽으세요.

秀珍　니　더　핑구어　얼지　짜이　쮸오즈　상
你的苹果耳机在桌子上。
Nǐ de Píngguǒ ěrjī zài zhuōzi shàng.

'니 더'에서 끊고 '핑구어 얼지'에서 끊고 '짜이'에 포인트 주고 '쮸오즈 상'으로 읽으세요.

 새 단어

- 问 wèn 묻다.
- 星巴克 Xīngbākè 스타벅스. †星은 '별'이고 巴克는 '벅스'예요.
- 在 zài ~에 있다.
- 银行 yínháng 은행.
- 苹果耳机 Píngguǒ ěrjī 애플 이어폰(에어팟). †만약에 삼성제품을 갖고 있다면 苹果 대신 '三星 Sānxīng'을 사용하면 돼요.
- 桌子 zhuōzi 탁자, 테이블.
- 喂 wéi 여보세요. †전화를 걸거나 받을 때 하는 첫인사.
- 弘大入口 Hóngdà Rùkǒu 홍대입구.
- 地铁 dìtiě 지하철.
- 对不起 duìbuqǐ 미안합니다.

- 哪儿 nǎr 어디, 어느 곳.
- 旁边 pángbiān 옆, 근처.

- 上边 shàngbiān 위, 위쪽.
- 站 zhàn 서다, 정류장.
- 还有 háiyǒu 그리고, 또한.

해석

대화 1
동동 : 말씀 좀 물을게요. 스타벅스는 어디에 있어요?
행인 : 스타벅스는 신한은행 옆에 있어요.
대화 2
동동 : 내 애플 이어폰은 어디에 있어요?
수진 : 당신의 애플 이어폰은 테이블 위에 있어요.

대화 3

冬冬　웨이　니　짜이　날
喂，你在哪儿？
Wéi, nǐ zài nǎr?

'웨이'에서 끊고 '니'에서 끊고 '짜이 날'로 읽으세요.

秀珍　뚜웨이부치　워　짜이　홍따　루커우　띠티에짠　하이여우 싼 거 짠
对不起，我在弘大入口地铁站。还有三个站。
Duìbuqǐ, wǒ zài Hóngdà Rùkǒu dìtiězhàn. Háiyǒu sān ge zhàn.

'뚜웨이부치 워 짜이'에서 끊고 '홍따 루커우'에서 끊고 '띠티엔짠'으로 읽으세요. '하이여우'에서 끊고 '싼 거 짠'으로 읽으세요.

冬冬　메이관시　이후월　찌엔
没关系，一会儿见！
Méiguānxi, yíhuìr jiàn!

'메이관시, 이후월'에서 끊고 '찌엔'으로 읽으세요.

대화 4

冬冬　시셔우지엔　전머　저우
洗手间怎么走？
Xǐshǒujiān zěnme zǒu?

'시셔우지엔'에서 끊고 '전머'에서 끊고 '저우'로 읽으세요.

秀珍　왕　치엔 저우　란허우　짜이 왕　여우 과이 찌유 슬
往前走，然后再往右拐就是。
Wǎng qián zǒu, ránhòu zài wǎng yòu guǎi jiù shì.

'왕 치엔'에서 끊고 '저우'로 읽으세요. '란허우'에서 살짝 쉬고 '짜이'에서 끊고 '왕 여우 과이'에서 끊고 '찌유 슬'로 읽으세요.

- 没关系 méiguānxi 괜찮다, 상관없다.
- 一会儿 yíhuìr 잠시, 잠깐 동안. †儿화 뒤에 바로 r 발음이 나와서 '이 후얼'로 발음해요.
- 洗手间 xǐshǒujiān 화장실.
- 怎么 zěnme 어떻게. †과정이나 방식을 물어볼 때 사용해요.
- 走 zǒu 가다, 움직이다, 걷다. †走는 현재 있는 장소를 떠나서 다른 장소로 이동하고자 할 때 사용돼요.
- 往 wǎng ~로 향하다.
- 前 qián 앞.
- 然后 ránhòu 그런 후에.
- 再 zài 다시.
- 右 yòu 오른쪽.
- 拐 guǎi 방향을 바꾸다.
- 就 jiù 즉시, 바로. †就是你! 바로 너! 100% 확신이 선 상태에서 사실을 강조할 때 말해요.

해석

대화 3

동동 : 여보세요. 당신은 어디세요?
수진 : 미안해요. 저는 홍대입구역에 있어요. 세 정거장 남았어요.
동동 : 괜찮아요. 잠시 후에 만나요.

대화 4

동동 : 화장실 어떻게 가요?
수진 : 앞으로 가세요. 그리고 나서 다시 오른쪽으로 꺾으면 바로입니다.

1 방향 표현

중국어에서 방향을 말할 때는 '방향 + 边/面' 형식을 사용해요.

上边 shànbiān 위쪽	下边 xiàbiān 아래쪽
前边 qiánbiān 앞쪽	后边 hòubiān 뒤쪽
里边 lǐbiān 안쪽	外边 wàibiān 바깥쪽
左边 zuǒbiān 왼쪽	右边 yòubiān 오른쪽
中间 zhōngjiān 중간	对面 duìmiàn 맞은편
旁边 pángbiān 옆	

东 dōng 동	西 xī 서	南 nán 남	北 běi 북

유명 관광지나 넓은 장소에서는 동문, 서문, 남문, 북문으로 나눠져 있기에 꼭 알아두세요.

北大的西门在哪儿? Běi Dà de xīmén zài nǎr? 북경대학 서문은 어디예요?
중국의 북경대학(北京大学)을 줄여서 北大라고 불러요.

2 길 안내에 유용한 표현들

往 + 前 + 走 앞으로 직진하세요.

'一直 yìzhí 곧바로, 계속해서'라는 것과 세트로도 잘 쓰여요.
一直往前走! Yìzhí wǎng qián zǒu! 계속 앞으로 직진하세요!

往 + 右 + 拐 오른쪽으로 도세요.
往 + 左 + 拐 왼쪽으로 도세요.

새 단어

•前边 qiánbiān 앞쪽.
•对面 duìmiàn 맞은편.
•旁边 pángbiān 옆.
•外边 wàibiān 밖, 바깥.

❸ **동사 在**

在를 보면 먼저 장소나 지명을 제일 떠올리세요. 在는 '~에 있다'라는 의미로, 在 뒤에는 우리가 자주 방문하는 장소이거나 혹은 위치를 물어볼 때도 사용해요.

• 긍정문

我**在**办公室。 Wǒ zài bàngōngshì. 저는 사무실에 있어요.

• 부정문

我**不在**办公室。 Wǒ bú zài bàngōngshì. 저는 사무실에 있지 않아요.

• 의문문

你**在**办公室**吗**? Nǐ zài bàngōngshì ma? 당신은 사무실에 있나요?

❹ **哪儿** nǎr

哪儿은 '어디, 어느 곳'이라는 뜻으로, 위치나 장소를 물을 때 사용하는 의문대명사예요.

| 사람 + 在哪儿? |

你们在**哪儿**? Nǐmen zài nǎr? 당신들은 어디세요?

| 물건 + 在哪儿? |

我的书在**哪儿**? Wǒ de shū zài nǎr? 저의 책은 어디에 있나요?

| 장소 + 在哪儿? |

新韩银行在**哪儿**? Xīnhán yínháng zài nǎr? 신한은행은 어디에 있나요?

■ 미니 설명

'哪儿 nǎr'은 '哪里 nǎlǐ'라고 하기도 해요.

중국 가수 등려군의 노래 첨밀밀 가사에 '在哪里在哪里 zài nǎlǐ zài nǎlǐ'란 가사가 있어요! 꼭 그 부분 들어보세요.

• 一直 yìzhí 곧바로.
• 办公室 bàngōngshì 사무실. † 실내에서 업무를 다루고 처리하는 장소예요.
• 书 shū 책.
• 银行 yínháng 은행.

◐ 성조가 완전해졌다면 이번에는 중국어 한자만 보고 한어병음을 읽으세요.

대화1

冬冬 　问一下！星巴克在哪儿？

行人 　星巴克在新韩银行的
　　　旁边。

말씀 좀 물을게요! 스타벅스는 어디에 있어요?
스타벅스는 신한 은행 옆에 있어요.

대화2

冬冬 　我的苹果耳机在哪儿？

秀珍 　你的苹果耳机在桌子
　　　上。

내 애플 이어폰은 어디에 있어요?
당신의 애플 이어폰은 테이블 위에 있어요.

대화3

冬冬 　喂，你在哪儿？

秀珍 　对不起，我在弘大入口
　　　地铁站。还有三个站。

冬冬 　没关系，一会儿见！

여보세요. 당신은 어디세요? 괜찮아요. 잠시 후에 만나요.
미안해요. 저는 홍대입구역에 있어요. 세 정거장 남았어요.

대화4

冬冬 　洗手间怎么走？

秀珍 　往前走，然后再往右
　　　拐就是。

화장실 어떻게 가요?
앞으로 가세요. 그리고 나서 다시 오른쪽으로 꺾으면 바로입니다.

在	zài ~에 있다	一 ナ オ 右 存 在		
在				

去	qù 가다	一 十 土 去 去		
去				

哪儿	nǎr 어디, 어느 곳	口 叮 叮 呀 呀 哪 哪 哪　　丿 儿
哪 儿		

怎么	zěnme 어떻게	丿 一 仁 仁 乍 怎 怎　　丿 厶 么
怎 么		

桌子	zhuōzi 탁자, 테이블	丨 卜 占 卓 卓 桌 桌　　フ 了 子
桌 子		

旁边	pángbiān 옆	一 一 产 产 旁 旁 旁　　フ カ 力 边 边
旁 边		

地铁站	dìtiězhàn 지하철역	一 十 士 圵 圵 地　　丿 午 牟 钅 钅 铣 铁 一 亠 立 圵 圵 站 站
地 铁 站		

洗手间	xǐshǒujiān 화장실	丶 氵 汁 沣 泮 洗 洗　　一 二 三 手 丶 丨 门 闩 间 间 间
洗 手 间		

🎧 듣기

1. 녹음을 듣고 한국어로 의미를 적으세요.

① 你在哪儿?

_____

② 问一下！

_____

③ 星巴克在银行的旁边。

_____

④ 洗手间怎么走?

_____

2. 녹음을 듣고 한어병음을 적으세요.

① 对不起。

_____

② 苹果耳机在哪儿?

_____

③ 还有三个站。

_____

④ 一会儿见！

_____

NOTE

1.
① 哪儿 nǎr 어디, 어느 곳
② 问 wèn 묻다
③ 旁边 pángbiān 옆
④ 洗手间 xǐshǒujiān 화장실

2.
① 미안합니다.
② 애플 이어폰은 어디에 있어요?
③ 세 정거장 남았어요.
④ 잠시 후에 만나요!

정답

듣기 1. ① 당신은 어디에 있어요? ② 말씀 좀 물을게요. ③ 스타벅스는 은행 옆에 있어요.
④ 화장실은 어떻게 가요?
2. ① Duìbuqǐ. ② Píngguǒ ěrjī zài nǎr? ③ Háiyǒu sān ge zhàn. ④ Yíhuìr jiàn!

 **쓰기**

3. 성조를 쓰세요.

① 地铁站

_____

② 往前走。

_____

③ 然后再往右拐。

_____

④ 没关系。

_____

3.
① ditiezhan
② Wang qian zou.
③ Ranhou zai
　 wang you guai.
④ Meiguanxi.

모바일 파트

핸드폰의 메모나 카카오톡 나에게 보내기를 통해 마지막으로 총정리 해봐요.

1. 당신은 어디에 있어요?
2. 앞으로 직진하세요.
3. 화장실은 어떻게 가요?

힌트

1. '당신'에 해당하는 단어 你를 넣고 '~에 있다'라는 뜻의 在를 넣은 다음 뒤에 위치 자체를 묻는 哪儿를 넣고 물음표 하세요.
2. 길 안내 표현 방식인 '往+방향+동사'에 그대로 대입하면 往 뒤에 방향 前과 동사 走를 넣으면 되어요.
3. 먼저 장소 단어 '화장실'인 洗手间을 넣고 방법을 물을 때 '怎么+동사'이니까 怎么走라 하고 물음표 하세요.

쓰기 3. ① 地铁站 4성/3성/4성　② 往前走 3성/2성/3성　③ 然后再往右拐 2성/4성/4성/3성/4성/3성
④ 没关系 2성/1성/경성

모바일 1. 你在哪儿?　2. 往前走。　3. 洗手间怎么走?

중국 속으로

상하이(上海)

중국의 경제 중심지이자 금융도시인 상하이(上海)를 소개할게요.

상하이는 중국 동부 창지앙(长江) 하구에 위치해 있고, 면적은 서울에 비해 대략 1.8배 크고 인구는 2020년 기준 대략 2,400만 명으로 중국 도시 중에 1위를 차지하고 있어요.

상하이는 동서양의 모습을 모두 담고 있는 도시예요. 상하이의 와이탄(外滩)을 가면 유럽풍의 건물들을 볼 수 있어요. 난징조약 이후 중국은 항구를 강제적으로 개방하게 되면서 당시 서양의 문물들과 흔적들을 느낄 수 있어요.

상하이의 가장 하이라이트는 황푸강(黄浦江)이라고 할 수 있는데, 동쪽은 푸동(浦东) 남쪽은 푸시(浦西)로 유람선을 타고 건너갈 수 있어요. 이곳은 1990년대 이후에 상하이의 집중적인 개발이 가장 많이 이뤄진 곳으로 고층빌딩들과 국제 금융회사들이 자리잡고 있으며, 가장 높이 우뚝 서 있는 동방명주(东方明珠) 라디오 텔레비전 타워도 있어요. 이곳은 낮보다는 밤에 야경이 아주 아름답고 화려해요.

상하이는 국제적인 중심지로 도시를 준비해 오면서 현재는 패션·문화·관광 등의 선두주자로 나아가고 있고, 2016년 6월 상하이에 디즈니랜드가 문을 열었는데 가장 긴 퍼레이드, 세계에서 가장 높은 디즈니 성 등을 선보이기도 했어요. 상하이는 현재도 계속 발전하면서 세계의 최고 최대를 갱신하고 있어요.

▼상하이의 야경

▲동방명주(东方明珠)

我想吃烤肉。

Wǒ xiǎng chī kǎoròu.

저는 불고기를 먹고 싶어요.

我想吃烤肉。
저는 불고기를 먹고 싶어요.

你想吃什么?
당신은 무엇을 먹고 싶어요?

你有事吗?
당신 용건 있어요?

今晚我想见你。
오늘 저녁 저는 당신을 만나고 싶어요.

我想考汉语水平考试。
저는 한어수평고시 시험을 보고 싶어요.

真的吗? 加油!
진짜요? 파이팅!

我想减肥。可是很难。
저는 다이어트를 하고 싶어요. 그러나 매우 어려워요.

我们一起运动运动吧!
우리 같이 운동해요!

주말에 무엇을 하고 싶으세요? 꼭 주말이 아니더라도 평소 힘들거나 지칠 때 자연스럽게 소소한 자신만의 희망사항을 떠올리게 되지요. 간만에 영화관을 가고 싶거나 주말 내내 밀린 잠을 자고 싶거나 개인마다 하고 싶은 것들이 있을 거예요. 이번 과에서는 조동사 想을 통한 문장을 연습해 보고 동사의 중첩도 같이 연결해서 공부해요.

 **대화 1**

冬冬
워　헌　으어
我很饿。
Wǒ hěn è.

> '워'에서 끊고 '헌 으어'로 읽으세요.

秀珍
니 시앙 츨　션머
你想吃什么?
Nǐ xiǎng chī shénme?

> '니 시앙'에서 끊고 '츨'에서 끊고 '션머'로 읽으세요.

冬冬
워 시앙 츨　카오러우
我想吃烤肉。
Wǒ xiǎng chī kǎoròu.

> '워 시앙 츨'에서 끊고 '카오러우'로 읽으세요.

대화 2

冬冬
찐완　　워 시앙 찌엔 니
今晚我想见你。
Jīnwǎn wǒ xiǎng jiàn nǐ.

> '찐완'에서 끊고 '워 시앙'에서 끊고 '찌엔 니'로 읽으세요.

秀珍
니 여우 슬 마
你有事吗?
Nǐ yǒu shì ma?

> '니 여우'에서 끊고 '슬 마'로 읽으세요.

冬冬
워먼　　이치　허 지우 바
我们一起喝酒吧。
Wǒmen yìqǐ hē jiǔ ba.

> '워먼'에서 끊고 '이치'에서 끊고 '허 지우'에서 끊고 '바'에서 힘을 빼세요.

 **새 단어**

- 饿 è 배고프다.
- 想 xiǎng ～하고 싶다, 바라다.
- 烤肉 kǎoròu 불고기. †烤 왼쪽 부수를 보면 火가 보이고, 烤는 '불에 굽다'라는 의미예요. 그렇기에 고기 肉와 합쳐져서 불고기가 된 거예요.
- 今晚 jīnwǎn 오늘 밤. †'今天+晚上'의 줄임말이에요.
- 事 shì 일. †개인적인 용무나 일.
- 一起 yìqǐ 같이, 함께.
- 喝 hē 마시다.
- 酒 jiǔ 술.

해석

대화 1

동동 : 저는 매우 배가 고파요.
수진 : 당신은 무엇을 먹고 싶어요?
동동 : 저는 불고기를 먹고 싶어요.

대화 2

동동 : 오늘 저녁 저는 당신을 만나고 싶어요.
수진 : 당신 용건 있어요?
동동 : 우리 같이 술 마셔요.
수진 : 하하, 그래요.

秀珍 **哈哈，好的。**
하하 하오 더
Hāhā, hǎo de.

'하하~ 하오'를 깊게 누르면서 말하고 '더'로 옮기면서 힘을 빼주세요.

 대화 3

秀珍 **我想考汉语水平考试。**
워 시앙 카오 한위 슈웨이핑 카오슬
Wǒ xiǎng kǎo hànyǔ shuǐpíng kǎoshì.

'워 시앙 카오'에서 끊고 '한위 슈웨이핑 카오슬'로 읽으세요.

冬冬 **真的吗？加油！**
쩐 더 마 찌아여우
Zhēn de ma? Jiāyóu!

'쩐 더 마'로 살짝 놀란듯이 읽으세요. '찌아여우'로 읽으세요.

 대화 4

秀珍 **我想减肥。可是很难。**
워 시앙 지엔훼이 커슬 헌 난
Wǒ xiǎng jiǎnféi. Kěshì hěn nán.

'워 시앙'에서 끊고 '찌엔훼이'로 읽으세요. '커슬'에서 끊고 '헌'에서 눌러주면서 '난'에서 올려주세요.

冬冬 **我们一起运动运动吧！**
워먼 이치 윈동 윈동 바
Wǒmen yìqǐ yùndòng yùndòng ba!

'워먼'에서 끊고 '이'를 높은 음에서 '치'로 눌러주면서 '윈동 윈동'에서 끊고 '바'로 읽으세요.

- 哈哈 hāhā 하하(의성어), 웃는 소리.
- 考 kǎo 시험, 시험 보다.
- 汉语水平考试 hànyǔ shuǐpíng kǎoshì 한어수평고시. † 외국인을 위한 중국어 자격증 시험의 이름이에요. 줄여서 영어로 HSK라고도 해요.
- 真的 zhēn de 정말로, 진짜로.
- 加油 jiāyóu 힘을 내다, 응원하다.
- 减肥 jiǎnféi 다이어트 하다.
- 可是 kěshì 그러나.
- 难 nán 어렵다.
- 运动 yùndòng 운동, 운동하다.

해석

대화 3

수진 : 저는 한어수평고시 시험을 보고 싶어요.
동동 : 진짜요? 파이팅!

대화 4

수진 : 저는 다이어트를 하고 싶어요. 그러나 매우 어려워요.
동동 : 우리 같이 운동해요!

1 **조동사 想**

想은 '~하고 싶다'라는 뜻이에요. '~하고 싶은 것'을 말할 때 想을 사용하는데 잠재적인 의식 속에서 '~하고 싶었던 것' 혹은 개인적인 취향에 초점이 맞춰지게 할 수 있는 역할을 해요.

- 긍정문

  我**想**吃汉堡包。 Wǒ xiǎng chī hànbǎobāo. 저는 햄버거를 먹고 싶어요.

- 부정문

  我**不想**吃汉堡包。 Wǒ bù xiǎng chī hànbǎobāo. 저는 햄버거를 먹고 싶지 않아요.

- 일반의문문

  你**想**吃汉堡包**吗**? Nǐ xiǎng chī hànbǎobāo ma? 당신은 햄버거를 먹고 싶어요?

- 정반의문문

  你**想不想**吃汉堡包? Nǐ xiǎng bù xiǎng chī hànbǎobāo? 당신은 햄버거를 먹고 싶어요?

2 **동사의 중첩**

동일한 동사의 연속 사용은 편하고 일상적인 의사전달을 도와줘요.

- 1음절 동사 AA (한자 1개로 구성)

  你**看看**。 Nǐ kànkan. 당신 보세요.

  동사가 연속으로 붙어서 나올 경우 두 번째는 경성으로 읽어요.

  1음절 동사의 중첩은 'A一A' 구성으로도 가능해요. 이때 동사와 동사 사이에 있는 一는 성조 변화가 없어요.

  你**坐一坐**! Nǐ zuò yi zuò! 당신 앉으세요!

- 2음절 동사 ABAB (한자 2개로 구성)

  我们**休息休息**吧! Wǒmen xiūxi xiūxi ba! 우리 휴식해요!

새 단어

- 汉堡包 hànbǎobāo 햄버거. † 외래어이고 줄여서 汉堡라고도 말해요.
- 看 kàn 보다.
- 休息 xiūxi 휴식, 휴식하다.
- 周末 zhōumò 주말.
- 快乐 kuàilè 즐겁다, 유쾌하다.

③ 好的 hǎo de

好的는 '알겠어, 오케이'라는 의미로, 상대방의 이야기에 대한 긍정적인 반응을 보일 때 사용하는 회화 표현이에요. 대화 중간중간에도 대화가 끊기지 않고 好的의 반응으로 대화가 자연스럽게 이어지게 해요.

A : 周末快乐！你注意身体！ Zhōumò kuàilè! Nǐ zhùyì shēntǐ!

　　 즐거운 주말 보내세요! 건강 조심하세요!

B : **好的**。Hǎo de. 알았어요.

④ 真的吗? 정말요?, 진짜요?

真은 '진실로'라는 의미로 真的吗는 믿기 어려운 사실이거나 갑작스러운 나머지 너무 놀랄 때 사용하는 회화 표현이에요.

A : 明天我去上海。Míngtiān wǒ qù Shànghǎi. 저는 내일 상하이에 가요.

B : **真的吗?** Zhēn de ma? 정말요?

⑤ 一起 yìqǐ

一起는 '같이, 함께'라는 뜻으로 문장 끝에 붙는 '~하자'의 뜻인 吧와 주로 콤비를 이뤄요. 吧를 단독으로 사용할 때보다 적극적인 제안의 느낌을 줘요.

我们**一起**看电影**吧**。Wǒmen yìqǐ kàn diànyǐng ba. 우리 같이 영화 봅시다.

我们**一起**喝咖啡**吧**。Wǒmen yìqǐ hē kāfēi ba. 우리 같이 커피 마시자.

我们**一起**去银行**吧**。Wǒmen yìqǐ qù yínháng ba. 우리 같이 은행에 가자.

•**注意** zhùyì 주의하다, 조심하다.
•**身体** shēntǐ 신체, 몸.
•**电影** diànyǐng 영화.
•**去** qù 가다.

● 성조가 완전해졌다면 이번에는 중국어 한자만 보고 한어병음을 읽으세요.

대화1

冬冬　我很饿。

秀珍　你想吃什么?

冬冬　我想吃烤肉。

저는 매우 배가 고파요.
저는 불고기를 먹고 싶어요.

당신은 무엇을 먹고
싶어요?

대화2

冬冬　今晚我想见你。

秀珍　你有事吗?

冬冬　我们一起喝酒吧。

秀珍　哈哈，好的。

당신 용건 있어요?
하하, 그래요.

오늘 저녁 저는 당신을 만나고 싶어요.
우리 같이 술 마셔요.

대화3

秀珍　我想考汉语水平考试。

冬冬　真的吗? 加油!

진짜요? 파이팅!

저는 한어수평고시 시험을 보
고 싶어요.

대화4

秀珍　我想减肥。可是很难。

冬冬　我们一起运动运动吧!

저는 다이어트를 하고 싶어
요. 그러나 매우 어려워요.

우리 같이 운동해요!

想	xiǎng ~하고 싶다	木 和 相 相 相 想 想
想		

真	zhēn 정말, 진짜	一 十 广 市 直 直 真
真		

今晚	jīnwǎn 오늘 밤	ノ 人 스 今 日 昄 昄 昈 晚 晚
今 晚		

烤肉	kǎoròu 불고기	` ` `丬 灯 炜 炒 烤 烤 l 冂 内 内 肉 肉
烤 肉		

加油	jiāyóu 힘을 내다, 응원하다	フ 力 加 加 加 ` 氵 氵 沪 泊 油 油
加 油		

一起	yìqǐ 같이, 함께	一 土 丰 走 走 起 起 起
一 起		

减肥	jiǎnféi 다이어트 하다	` 冫 冫 洉 洉 减 减 减 l 月 月 肝 肥 肥
减 肥		

运动	yùndòng 운동, 운동하다	一 二 云 云 运 运 运 一 二 云 动 动
运 动		

🎧 듣기

NOTE

1. 녹음을 듣고 한국어로 의미를 적으세요.

① 我想吃烤肉。

_____

② 你想吃什么？

_____

③ 今晚我想见你。

_____

④ 我们一起运动运动吧！

_____

1.
① 烤肉 kǎoròu 불고기
② 想 xiǎng ~하고 싶다
③ 今晚 jīnwǎn 오늘 밤, 오늘 저녁
④ 运动 yùndòng 운동(하다)

2. 녹음을 듣고 한어병음을 적으세요.

① 你想吃什么？

_____

② 真的吗？

_____

③ 可是很难。

_____

④ 我想减肥。

_____

2.
① 당신은 무엇을 먹고 싶어요?
② 진짜요?
③ 그러나 매우 어려워요.
④ 저는 다이어트를 하고 싶어요.

정답

 듣기 1. ① 저는 불고기를 먹고 싶어요.   ② 당신은 무엇을 먹고 싶어요?
③ 오늘 저녁 저는 당신을 만나고 싶어요.   ④ 우리 같이 운동해요.
2. ① Nǐ xiǎng chī shénme?   ② Zhēn de ma?   ③ Kěshì hěn nán.   ④ Wǒ xiǎng jiǎnféi.

 쓰기

3. 성조를 쓰세요.

① 我们一起运动运动把！

_____

② 加油！

_____

③ 我想减肥。

_____

④ 汉语水平考试

_____

NOTE

3.
① Women yiqi
　 yundong
　 yundong ba!
② Jiayou!
③ Wo xiang jianfei.
④ hanyu shuiping
　 kaoshi

모바일 파트

핸드폰의 메모나 카카오톡 나에게 보내기를 통해 마지막으로 총정리 해봐요.

1. 저는 불고기를 먹고 싶어요.
2. 오늘 저녁 저는 당신을 만나고 싶어요.
3. 우리 같이 운동해요!

힌트

1. '~하고 싶은 것'을 말할 때 필요했던 想을 먼저 떠올리고, 그 다음에 하고 싶은 활동 吃를 넣은 다음 바로 음식을 떠올려 봐요. 여기서는 '불고기'이니까 烤肉를 마지막에 넣으세요.
2. 시간이 어디까지인지를 파악하면 今晚을 먼저 배치하고, 그 다음 주어 넣고 바로 想을 붙인 다음 하고 싶은 동작 见 뒤에 만나고 싶은 대상 你를 넣으세요.
3. 주어 '우리'는 我们, '같이' 一起는 주어 뒤에 바로 붙이고 '운동해요'인 运动 뒤에 吧를 마지막에 놓으세요.

쓰기　3. ① 我们一起运动运动吧 3성/경성/4성/3성/4성/4성/4성/4성/경성　② 加油 1성/2성
③ 我想减肥 3성/3성/3성/2성　④ 汉语水平考试 4성/3성/3성/2성/3성/4성

모바일　1. 我想吃烤肉。　2. 今晚我想见你。　3. 我们一起运动运动吧！

위챗(微信 wēixìn)

불과 몇 년 전 한국에 중국인 관광객이 붐을 이루던 때 명동 번화가 상점들에서 중국인 관광객을 자주 볼 수 있었어요.

개인적으로 여행 온 관광객들을 보면 핸드폰을 들고 상점 안에서 상품들을 촬영하거나 실시간으로 음성 채팅 하는 것을 발견할 수 있었어요. 동대문이나 명동에서 물건을 판매하고 있는 분들도 위챗(微信)을 통해서 상품 사진 및 정보 등을 보내고 신속하게 거래하는 것을 봤던 기억도 나요.

우리나라에서 가장 대표적인 소셜 네트워크(social network) 서비스가 카카오톡(kakao talk)이라고 한다면 중국에서는 위챗(微信 wēixìn)이 있어요.

중국의 텐센트(Tencent) 유한책임회사가 개발하고 2011년 11월 21일에 정식으로 모바일 서비스를 시작했어요.

위챗(we chat)을 핸드폰 및 PC에 다운로드해서 받으면 채팅, 사진 찍기, 쇼핑, 결제 등등 생활에 필요한 모든 것을 할 수 있어요.

2018년 3월에 중국 대륙에서만 위챗을 이용하는 사용자가 이미 10억을 돌파했고 위챗 시장 점유율은 93%예요.

可以加个微信吗? Kěyǐ jiā ge wēixìn ma?
위챗(we chat) 친구 추가해도 될까요?
微信还是现金? Wēixìn háishí xiànjīn?
모바일 결제하세요 아니면 현금 결제하세요?

微信의 QR 코드
扫一扫。 Sǎo yī sǎo.
QR 코드를 스캔하세요.

第 十 三 课

dì shísān kè

你会说汉语吗?

Nǐ huì shuō Hànyǔ ma?

당신은 중국어를 할 줄 알아요?

외국어를 배울 때 한 번쯤은 다른 사람과 중국어로 대화를 나눠 보고 싶다는 생각해 봤을 거 같은데요. 그럴 때 우리는 '중국어를 하실 줄 알아요?'를 말해야겠죠. 그래서 이번 과에서는 그때 필요한 조동사 숲를 공부할 거예요. 숲 문장들을 연습하면서 '我会说汉语。'라고 연습 또 연습해요. 그리고 '아주 약간'의 의미인 一点儿도 공부해요.

본문

대화 1 외국어 가능

	니 후웨이 슈어 한위 마
司机	**你 会 说 汉语 吗?**
	Nǐ huì shuō Hànyǔ ma?

> '니 후웨이 슈어'에서 끊고 '한위 마'로 읽으세요. '슈어'는 1성이니까 평평하듯 살짝 길게 유지하세요.

	워 후웨이 슈어 한위
秀珍	**我 会 说 汉语。**
	Wǒ huì shuō Hànyǔ.

> '워 후웨이 슈어'에서 끊고 '한위'로 읽으세요. 이때 '한위'는 4성이니 높고 힘 있게 내려주세요.

	니 쩐 리하이
司机	**你 真 厉害。**
	Nǐ zhēn lìhai.

> '니 쩐'에서 끊고 '리하이'로 읽으세요.

대화 2 운전 가능

	니 후웨이 카이쳐 마
冬冬	**你 会 开车 吗?**
	Nǐ huì kāichē ma?

> '니 후웨이'에서 끊고 '카이쳐 마'로 읽으세요. '카이쳐'는 '1성 1성'이니까 앞의 1성은 짧게 잡아주고 두 번째 1성을 평평하게 유지하세요.

	워 후웨이 카이쳐 딴슬 워 슬 씬셔우
秀珍	**我 会 开车, 但是 我 是 新手。**
	Wǒ huì kāichē, dànshì wǒ shì xīnshǒu.

> '워 후웨이'에서 끊고 '카이쳐'로 읽고, '딴슬'에서 끊고 '워 슬' 끊고 '씬셔우'로 읽으세요.

새 단어

- 司机 sījī 운전사.
  † 운전기사님 호칭을 司机라고 해요.
- 会 huì ~할 수 있다, ~할 줄 안다.
- 说 shuō 말하다.
- 厉害 lìhai 대단하다, 굉장하다.
  † 상대방에게 뛰어난 능력을 인정하고 칭찬할 때 쓰는 표현이에요.
- 开车 kāichē 운전하다.
- 但是 dànshì 그러나, 그렇지만.
- 新手 xīnshǒu 초보자.
  † 手는 여기서 '손'이라는 뜻이 아니고 '어떤 기술을 가진 사람'이에요.

해석

대화 1

운전사 : 당신은 중국어를 할 줄 알아요?
수진 : 저는 중국어를 할 줄 알아요.
운전사 : 당신 대단하세요.

대화 2

동동 : 당신은 운전할 줄 알아요?
수진 : 저는 운전할 줄 알아요. 하지만 초보운전자예요.

 대화 3 운동 가능

冬冬
니 후웨이 여우용　마
你会游泳吗?
Nǐ huì yóuyǒng ma?

'니 후웨이'에서 끊고 '여우용 마'로 읽으세요. 游泳은 '2성 3성'이니까 앞에는 살짝 올려주고 뒤에는 낮게 눌렀다가 올려주세요.

秀珍
워 후웨이 여우용　　워 훼이창　시환　　여우용
我会游泳。我非常喜欢游泳。
Wǒ huì yóuyǒng. Wǒ fēicháng xǐhuan yóuyǒng.

'워 후웨이'에서 끊고 '여우용'으로 읽으세요. '워'에서 끊고 '훼이창' 끊고 '시환' 끊고 '여우용'으로 읽으세요. 喜欢은 앞의 '시'를 꾹 누르고 '환'에서 힘을 풀어 읽으세요.

 대화 4 악기 가능

冬冬
니 후웨이 탄　깡친　　마
你会弹钢琴吗?
Nǐ huì tán gāngqín ma?

'니 후웨이'에서 끊고 '탄 깡친 마'로 읽으세요.

秀珍
워 후웨이　　이디얼
我会一点儿。
Wǒ huì yìdiǎnr.

'워 후웨이'에서 끊고 '이디얼'로 읽으세요. 一点儿은 앞의 '이'를 높게 잡아주고 뒤의 '디얼'은 낮게 눌렀다가 잔잔한 음으로 올라오세요.

• 游泳 yóuyǒng 수영하다, 수영.
• 非常 fēicháng 대단히.
　† 非常은 2번, 3번 반복하면서 '대단히'라는 의미를 더욱 강조할 수 있어요.
　我非常非常非常爱你。 나는 너를 매우 매우 매우 사랑해.
• 喜欢 xǐhuan 좋아하다.
• 弹 tán (악기를) 연주하다, 타다.
• 钢琴 gāngqín 피아노.
• 一点儿 yìdiǎnr 조금.

해석

대화 3
동동 : 당신은 수영할 줄 알아요?
수진 : 저는 수영할 줄 알아요. 저는 수영을 매우 좋아해요.

대화 4
동동 : 당신은 피아노 칠 줄 알아요?
수진 : 저는 조금 할 줄 알아요.

1 조동사 会

우리는 살아가면서 후천적으로 배워서 할 수 있거나 여러 과정을 통해서 배움을 습득하게 되지요. 이럴 때 동사 会를 사용하는데, 여기에는 외국어·운동·요리·운전 등이 있어요.

- 긍정문

  我**会**骑自行车。 Wǒ huì qí zìxíngchē.　저는 자전거를 탈 수 있어요.

- 부정문

  我**不会**骑自行车。 Wǒ bú huì qí zìxíngchē.　저는 자전거를 탈 수 없어요.

- 일반의문문

  你**会**骑自行车**吗**? Nǐ huì qí zìxíngchē ma?　당신은 자전거를 탈 수 있어요?

- 정반의문문

  你**会不会**骑自行车? Nǐ huì bú huì qí zìxíngchē?　당신은 자전거를 탈 수 있어요?

구기 종목이나 팔을 주로 사용하는 운동은 '打 dǎ'를 사용해요.
我爸爸会**打**高尔夫球。 Wǒ bàba huì dǎ gāo'ěrfūqiú.　저희 아빠는 골프를 칠 줄 알아요.

다리만 사용하는 축구는 '踢 tī'를 사용해요.
我会**踢**足球。 Wǒ huì tī zúqiú.　저는 축구를 할 줄 알아요.

2 一点儿 yìdiǎnr

一点儿은 '조금, 약간'의 의미로 측정은 어렵지만 아주 작음을 표현해요. 또한 형용사 뒤에 一点儿을 붙이면 과하지 않은 제안을 할 수 있어요. 구어에서는 종종 '一'가 생략되기도 해요.

새 단어

- 骑　qí　올라타다.
- 自行车　zìxíngchē　자전거.
- 打　dǎ　운동을 하다.　†구기 종목 및 팔을 이용한 운동.
- 高尔夫球　gāo'ěrfūqiú　골프.

慢(一)点儿吃。 Màn (yī)diǎnr chī. 천천히 드세요.

快(一)点儿来。 Kuài (yī)diǎnr lái. 빨리 오세요.

3 非常 fēicháng

非常은 '대단히, 매우'라는 뜻으로, 상태뿐 아니라 감정 앞에도 올 수 있어요. 앞서 배웠던 很과는 다르게 非常은 2번 이상 반복해서 사용이 가능해요.

今天你**非常非常**漂亮!

Jīntiān nǐ fēicháng fēicháng piàoliang!

오늘 당신 너무너무 예뻐요!(상태)

我**非常非常非常**爱你。

Wǒ fēicháng fēicháng fēicháng ài nǐ.

당신을 너무너무 사랑합니다.(감정)

4 厉害 lìhai

厉害는 '대단하다, 굉장하다'라는 뜻으로, 상대방의 능력이나 실력을 최고치로 칭찬 하거나 평가할 때 사용해요.

A : 我会说英语和汉语。 Wǒ huì shuō Yīngyǔ hé Hànyǔ.

저는 영어와 중국어를 말할 수 있어요.

B : **厉害**! Lìhai!

대단해요!

• 踢 tī 차다, 발길질하다.
• 足球 zúqiú 축구.
• 慢 màn 느리다.
• 快 kuài 빨리.
• 来 lái 오다.

성조가 완전해졌다면 이번에는 중국어 한자만 보고 한어병음을 읽으세요.

대화1

외국어 가능

司机	你会说汉语吗？
秀珍	我会说汉语。
司机	你真厉害。

저는 중국어를 할 줄 알아요.

당신은 중국어를 할 줄 알아요? 당신 대단하세요.

대화2

운전 가능

冬冬	你会开车吗？
秀珍	我会开车， 但是我是新手。

당신은 운전할 줄 알아요?

저는 운전할 줄 알아요. 하지만 초보운전자예요.

대화3

운동 가능

冬冬	你会游泳吗？
秀珍	我会游泳。 我非常喜欢游泳。

당신은 수영할 줄 알아요?

저는 수영할 줄 알아요. 저는 수영을 매우 좋아해요.

대화4

악기 가능

冬冬	你会弹钢琴吗？
秀珍	我会一点儿。

당신은 피아노 칠 줄 알아요?

저는 조금 할 줄 알아요.

会
huì
~할 수 있다
丿人△今会会

会

骑
qí
올라타다
马马马马马马骑骑骑

骑

弹
tán
(악기를) 연주하다, 타다
弓弓弓弹弹弹

弹

厉害
lìhai
대단하다, 굉장하다
厂厂厂厉厉　　宀宀宝宝害害害

厉 害

开车
kāichē
운전하다
一二开开　　一𠂇车车

开 车

游泳
yóuyǒng
수영하다, 수영
氵汙汙汸汸游游　　氵氵汀汀汀泳泳

游 泳

非常
fēicháng
대단히
丿丿丿非非非非　　𠮥尚尚尚常常常

非 常

自行车
zìxíngchē
자전거
丿丿自自自自　　丿彳彳行行行
一𠂇车车

自 行 车

듣기

1. 녹음을 듣고 한국어로 의미를 적으세요.

① 我会说汉语。

_____

② 你会开车吗?

_____

③ 我非常喜欢游泳。

_____

④ 我会一点儿。

_____

2. 녹음을 듣고 한어병음을 적으세요.

① 你会说汉语吗?

_____

② 真厉害!

_____

③ 我会开车。

_____

④ 你会弹钢琴吗?

_____

NOTE

1.
① 会 huì ~할 수 있다, ~할 줄 안다
② 开车 kāichē 운전하다
③ 非常 fēicháng 대단히
④ 一点儿 yìdiǎnr 조금

2.
① 당신은 중국어를 할 줄 알아요?
② 대단해!
③ 나는 운전할 줄 알아요.
④ 당신은 피아노 칠 줄 알아요?

정답

듣기　1. ① 저는 중국어를 할 줄 알아요. 　② 당신은 운전할 줄 알아요? 　③ 저는 수영을 매우 좋아해요.
　　　④ 저는 조금 할 수 있어요.
　　2. ① Nǐ huì shuō Hànyǔ ma? 　② Zhēn lìhai! 　③ Wǒ huì kāichē. 　④ Nǐ huì tán gāngqín ma?

3. 성조를 쓰세요.

① 我会说汉语。

_____

② 你会游泳吗?

_____

③ 我是新手。

_____

④ 你会弹钢琴吗?

_____

NOTE

3.
① Wo hui shuo
   Hanyu.
② Ni hui youyong
   ma?
③ Wo shi xinshou.
④ Ni hui tan
   gangqin ma?

모바일 파트 ....

핸드폰의 메모나 카카오톡 나에게 보내기를 통해 마지막으로 총정리 해봐요.

1. 당신은 중국어를 말할 수 있나요?
2. 당신은 운전을 할 수 없어요.
3. 저는 조금 할 줄 알아요.

━● 힌 트 ●━━━━━

1. '~할 수 있다' 하면 会를 꺼내주세요. '당신' 你 바로 뒤에 会를 넣고 '말하다'라는 뜻의 동사 说, 그리고 '중국어'
   인 汉语를 넣고 물음표 하세요.
2. 부정문이니까 会를 부정해야 되겠죠. 주어 뒤에 不会를 넣고 '운전하다' 단어 开车는 마지막에 두세요.
3. 주어 '나'인 我 뒤에 会를 붙이세요. 그런 다음 '조금'의 뜻인 一点儿을 마지막에 넣으세요.

쓰기 3. ① 我会说汉语 3성/4성/1성/4성/3성   ② 你会游泳吗 3성/4성/2성/3성/경성
　　　 ③ 我是新手 3성/4성/1성/3성   ④ 你会弹钢琴吗 3성/4성/2성/1성/3성/경성
모바일 1. 你会说汉语吗?   2. 我不会开车。   3. 我会一点儿。

판다(熊猫 xióngmāo)

중국에서 판다는 가장 사랑받는 동물 중 하나예요. 중국 사천(四川) 분지 주변에 산악지역과 산시(陝西) 남부산맥이 주요 서식지예요. 판다는 포유류이지만 고기를 먹지 않고 주로 채식을 해요. 판다가 좋아하는 음식은 죽순인데 대나무가 자라기 전의 새순이라 연하고 영양소가 풍부하다고 해요. 판다는 하루 동안 무려 약 15kg의 대나무를 먹는다고 해요.

판다는 높은 곳을 좋아한다고 해요. 다른 동물에 비해 앞발로 끌어안는 힘이 아주 강하기 때문에 나무를 잘 오를 수 있다고 해요. 그리고 판다는 자신의 체중이 실려도 부러지지 않고 오를 수 있는 나무를 구별할 수 있는 능력이 있기 때문에 높은 곳도 두려워하지 않고 잘 오른다고 해요. 그렇기에 대부분의 시간을 나무에서 보낸다고 해요. 겨울잠을 자지 않으며 사계절 내내 활동하는 동물이에요.

현재 용인 에버랜드에서도 판다를 볼 수 있어요. 2016년에 중국은 한국에 수컷 러바오(乐宝)와 암컷 아이바오(爱宝)를 임대해 주었어요. 그 사이에서 2020년 7월 20일에는 아기 푸바오(福宝)가 탄생했어요.

필자는 푸바오(福宝)가 한 살 생일 다음 날인 2021년 7월 21일에 에버랜드에 다녀왔는데, 마침 푸바오(福宝)의 생일을 맞이하여 여러 가지 이벤트를 하고 있었어요. 푸바오(福宝)는 아침 식사로 죽순을 맛있게 먹고, 그후에는 엄마 아이바오(爱宝)와 장난까지 치며 건강한 모습으로 무럭무럭 잘 자라고 있었어요.

36도가 넘는 무더운 날씨였지만 아침부터 푸바오(福宝)를 보려는 사람들이 줄지어 서 있었고 실제로 에버랜드에서도 아주 인기가 많다고 해요.

第十四课

dì shísì kè

你的爱好是什么?

Nǐ de àihào shì shénme?

당신의 취미는 무엇이에요?

바쁜 일상생활 속에서도 자신이 좋아하는 것을 하거나 취미생활을 하면 스트레스도 풀리고 행복지수도 올라가지요. 취미를 묻는 것은 상대방이 무엇을 좋아하고 무엇에 관심을 갖고 있는지 알 수 있고 비슷한 취미라면 공감대도 생겨요. 그래서 이번 과에서는 취미를 테마로 회화를 준비했어요. 평소에 좋아하는 활동이나 취미를 생각하며 즐거운 마음으로 공부해요.

 본문

 대화 1

秀珍
니 더 아이하오 슬 션머
你的爱好是什么？
Nǐ de àihào shì shénme?

> '니 더 아이하오 슬'에서 끊고 '션머'로 읽으세요. 的는 경성이니 시작할 때 你 3성을 깊게 누른 다음에 的에서 힘을 빼주세요.

冬冬
워 더 아이하오 슬 뤼여우
我的爱好是旅游。
Wǒ de àihào shì lǚyóu.

> '워 더 아이하오 슬'에서 끊고 '뤼여우'로 읽으세요.

 대화 2

冬冬
니 더 아이하오 슬 션머
你的爱好是什么？
Nǐ de àihào shì shénme?

> '니 더 아이하오 슬'에서 끊고 '션머'로 읽으세요.

秀珍
워 더 아이하오 슬 팅 인위에 티아오우 꽝지에 션머더
我的爱好是听音乐、跳舞、逛街什么的。
Wǒ de àihào shì tīng yīnyuè、tiàowǔ、guàngjiē shénmede.

> '워 더 아이하오 슬'에서 끊고 '팅 인위에, 티아오우, 꽝지에'에서 끊고 '션머더'로 읽으세요.

 새 단어

- 爱好 àihào 취미, 기호.
  † 이때 好 성조가 4성이니 주의해 주세요.
- 旅游 lǚyóu 여행, 여행 가다.
- 听 tīng 듣다.
- 音乐 yīnyuè 음악.
- 跳舞 tiàowǔ 춤을 추다, 춤.
- 逛街 guàngjiē 거리를 구경하다.
  † 逛은 '거닐다'라는 의미이고 街는 '거리'라는 의미로, 상점들이 밀접해 있는 번화가에서 구경하거나 쇼핑을 할 때 사용해요.
- 什么的 shénmede 기타 등등.

해석

대화 1

수진 : 당신의 취미는 무엇이에요?
동동 : 저의 취미는 여행이에요.

대화 2

동동 : 당신의 취미는 무엇이에요?
수진 : 저의 취미는 음악 듣기, 춤추기, 쇼핑 등이에요.

 **대화 3**

니 핑슬 시환 주오 션머
冬冬 你平时喜欢做什么?
Nǐ píngshí xǐhuan zuò shénme?

'니 핑슬'에서 끊고 '시환'에서 끊고 '주오 션머'로 읽으세요.

워 핑슬 시환 찌엔 펑여우 파오뿌 취 메이슬디엔
秀珍 我平时喜欢见朋友、跑步、去美食店
Wǒ píngshí xǐhuan jiàn péngyou、pǎobù、qù měishídiàn

션머더
什么的。
shénmede.

'워 핑슬'에서 끊고 '시환'에서 끊고 '찌엔 펑여우, 파오뿌, 취 메이슬디엔'에서 끊고 '션머더'로 읽으세요.

 **대화 4**

니 쯔웨이 시환 션머 이옌써
冬冬 你最喜欢什么颜色?
Nǐ zuì xǐhuan shénme yánsè?

'니 쯔웨이 시환'에서 끊고 '션머 이옌써'로 읽으세요.

워 쯔웨이 시환 펀홍써
秀珍 我最喜欢粉红色。
Wǒ zuì xǐhuan fěnhóngsè.

'워 쯔웨이 시환'에서 끊고 '펀홍써'로 읽으세요.

- 平时 píngshí 보통 때, 평소.
- 喜欢 xǐhuan 좋아하다.
- 做 zuò 하다.
- 跑步 pǎobù 달리다.
- 去 qù 가다.
  † 去 뒤에는 목적지, 장소, 여행지 등을 떠올려요.
- 美食店 měishídiàn 맛집.
  † 美食는 '맛있는 음식'이란 의미이고, 店은 '상점'을 의미해요.
- 最 zuì 가장, 제일.
- 颜色 yánsè 색, 색깔.
- 粉红色 fěnhóngsè 분홍색, 핑크색.

해석

대화 3
동동 : 당신은 평소에 무엇을 하는 것을 좋아해요?
수진 : 저는 평소에 친구 만나기, 조깅, 맛집 가는 것 등을 좋아해요.

대화 4
동동 : 당신은 어떤 색깔을 제일 좋아해요?
수진 : 저는 분홍색을 가장 좋아해요.

1 什么的 shénmede

什么的는 '~등등'이라는 뜻으로, 두 가지 이상을 열거할 때 마지막을 기타 등등으로
깔끔하게 정리해 주는 역할을 해요.

我喜欢中国的历史、文化、菜**什么的**。
Wǒ xǐhuan Zhōngguó de lìshǐ、wénhuà、cài shénmede.
저는 중국의 역사, 문화, 요리 등등을 좋아해요.

周末我看电影、逛街、去美食店**什么的**。
Zhōumò wǒ kàn diànyǐng、guàngjiē、qù měishídiàn shénmede.
주말에 저는 영화 보기, 쇼핑하기, 맛집 가기 등등을 해요.

2 최상급 最 zuì

최상의 감정을 전달하고자 할 때 最를 사용해요.

这是**最**贵的化妆品。 Zhè shì zuì guì de huàzhuāngpǐn.
이것은 제일 비싼 화장품이에요.

她是我**最**好的朋友。 Tā shì wǒ zuì hǎo de péngyou.
그녀는 나의 가장 친한 친구예요.

3 平时 píngshí

平时는 '평소에, 평상시에'라는 의미로서 일상에 대한 주제로 가볍고 편안하게 이야
기를 풀고 싶을 때 사용해요.

A : 你**平时**看什么书? Nǐ píngshí kàn shénme shū? 당신은 평소에 어떤 책을 읽으세요?

B : 我**平时**看历史书。 Wǒ píngshí kàn lìshǐ shū. 저는 평소에 역사책을 읽어요.

🎒 새 단어

•历史 lìshǐ 역사.
•文化 wénhuà 문화.
•菜 cài 요리.
•看 kàn 보다.
•电影 diànyǐng 영화.

④ 喜欢 xǐhuan

喜欢은 '좋아하다'라는 뜻으로 상대방에게 취향이나 선호하는 스타일을 물어볼 때 사용해요.

你**喜欢**什么动物? Nǐ xǐhuan shénme dòngwù?

당신은 어떤 동물을 좋아하세요?

我**喜欢**熊猫。Wǒ xǐhuan xióngmāo.

저는 판다를 좋아해요.

⑤ 你喜欢做什么?

구체적으로 어떤 활동을 좋아하고 선호하는지 물어볼 때는 喜欢 뒤에 做什么를 붙여주세요.

你喜欢**做什么**? Nǐ xǐhuan zuò shénme?

당신은 무엇 하는 것을 좋아해요?

我喜欢唱歌。Wǒ xǐhuan chànggē. (○)

我喜欢做唱歌。Wǒ xǐhuan zuò chànggē. (×)

저는 노래하는 것을 좋아해요.

이 질문은 做 대신 대답에 어울리는 동사를 찾으셔야 해요.

※ 예외

做运动 zuò yùndòng 운동하다

做菜 zuò cài 요리하다

•贵 guì 비싸다.
•化妆品 huàzhuāngpǐn 화장품.
•书 shū 책.
•动物 dòngwù 동물.
•唱 chàng 부르다.

•熊猫 xióngmāo 판다.
•歌 gē 노래.

● 성조가 완전해졌다면 이번에는 중국어 한자만 보고 한어병음을 읽으세요.

대화1

저의 취미는 여행이에요. 당신의 취미는 무엇이에요?

秀珍 　你的爱好是什么？

冬冬 　我的爱好是旅游。

대화2

당신의 취미는 무엇이에요? 저의 취미는 음악 듣기, 춤추기, 쇼핑 등이에요.

冬冬 　你的爱好是什么？

秀珍 　我的爱好是听音乐、
　　　跳舞、逛街什么的。

대화3

당신은 평소에 무엇을 하는 것을 좋아해요? 저는 평소에 친구 만나기, 조깅, 맛집 가는 것 등을 좋아해요.

冬冬 　你平时喜欢做什么？

秀珍 　我平时喜欢见朋友、
　　　跑步、去美食店什么的。

대화4

당신은 어떤 색깔을 제일 좋아해요? 저는 분홍색을 가장 좋아해요.

冬冬 　你最喜欢什么颜色？

秀珍 　我最喜欢粉红色。

最	zuì 가장, 제일	日 旦 早 早 星 昂 冣 最
最		

旅游	lǚyóu 여행, 여행하다	方 方 方 方 旅 旅 旅 / 氵 氵 氵 泸 游 游 游
旅 游		

爱好	àihào 취미, 기호	ㄷ ㄷ ㄷ 쯔 쯔 쯓 爱 / ㄥ ㄥ 女 女 好 好
爱 好		

平时	píngshí 보통 때, 평소	一 ㄷ ㅁ ㅍ 平 / ㅣ 刀 刀 日 旷 时 时
平 时		

喜欢	xǐhuan 좋아하다	士 吉 吉 吉 吉 直 喜 / ㄱ ㄡ ㄡ 邓 欢 欢
喜 欢		

音乐	yīnyuè 음악	一 立 立 产 音 音 音 / 一 匚 乒 乐 乐
音 乐		

颜色	yánsè 색, 색깔	一 立 产 彦 彦 颜 颜 / ノ ㄥ ㄅ ㄅ 色 色
颜 色		

美食店	měishídiàn 맛집	ㅇ ㅛ ㅛ ㅛ 羊 差 美 美 / 人 人 今 今 今 食 食 食 / 一 广 广 疒 店 店
美 食 店		

🎧 듣기

NOTE

1. 녹음을 듣고 한국어로 의미를 적으세요.

① 你的爱好是什么?

_____

② 我的爱好是听音乐、跳舞、逛街什么的。

_____

③ 你平时喜欢做什么?

_____

④ 我最喜欢粉红色。

_____

1.
① 爱好 àihào 취미
② 逛街 guàngjiē 거리를 구경하다
③ 平时 píngshí 보통 때, 평소
④ 喜欢 xǐhuan 좋아하다

2. 녹음을 듣고 한어병음을 적으세요.

① 我的爱好是旅游。

_____

② 我喜欢见朋友。

_____

③ 你最喜欢什么颜色?

_____

④ 你平时喜欢做什么?

_____

2.
① 저의 취미는 여행이에요.
② 저는 친구 만나는 것을 좋아해요.
③ 당신은 어떤 색깔을 제일 좋아해요?
④ 당신은 평소에 무엇 하는 것을 좋아해요?

정답

듣기 1. ① 당신의 취미는 무엇이에요?   ② 저의 취미는 음악 듣기, 춤추기, 쇼핑 등등이에요.   ③ 당신은 평소에 무엇 하는 것을 좋아해요?   ④ 저는 분홍색을 가장 좋아해요.   2. ① Wǒ de àihào shì lǚyóu.
② Wǒ xǐhuan jiàn péngyou.   ③ Nǐ zuì xǐhuan shénme yánsè?   ④ Nǐ píngshí xǐhuan zuò shénme?

 쓰기

3. 성조를 쓰세요.

① 我喜欢跑步。

_____

② 你的爱好是什么?

_____

③ 我平时喜欢去美食店。

_____

④ 粉红色

_____

NOTE

3.
① Wo xihuan
   paobu.
② Ni de aihao shi
   shenme?
③ Wo pingshi xihuan
   qu meishidian.
④ fenhongse

모바일 파트

핸드폰의 메모나 카카오톡 나에게 보내기를 통해 마지막으로 총정리 해봐요.

1. 당신의 취미는 무엇입니까?
2. 저의 취미는 음악 듣기, 춤추기, 쇼핑 등이에요.
3. 저는 평소에 친구 만나는 것을 좋아해요.

힌 트

1. '당신의 취미'는 你와 爱好 사이에 的를 넣고 是로 중심을 잡아주세요. 무엇 자체를 묻는 것이니 什么 뒤에 물음표 하세요.
2. '나의 취미'는 我와 爱好 사이에 的를 넣고 역시 是로 중심을 잡아주세요. 음악 듣기, 춤추기, 쇼핑 단어를 넣고 마지막에 등등에 해당하는 단어 什么的로 마무리하세요.
3. 平时는 주어 뒤에 바로 넣고 喜欢으로 중심을 잡으세요. 그리고 '만나다' 동사인 见을 넣으세요. 그런데 见은 만나는 대상이 뒤에 나와야 하니까 대상인 '친구' 朋友를 붙여주고 마무리하세요.

 쓰기   3. ① 我喜欢跑步 3성/3성/경성/3성/4성   ② 你的爱好是什么 3성/경성/4성/4성/4성/2성/경성
　　　　　 ③ 我平时喜欢去美食店 3성/2성/2성/3성/경성/4성/3성/2성/4성   ④ 粉红色 3성/2성/4성
모바일 1. 你的爱好是什么?   2. 我的爱好是听音乐、跳舞、逛街什么的。   3. 我平时喜欢见朋友。

중국의 전통극 경극(京剧)

중국 전통문화에서 중요한 부분을 차지하고 있는 경극(京剧 jīngjù)을 소개할게요.

경극(京剧)의 京은 '베이징'의 줄임말이고 剧은 '연극'이라는 뜻이에요. 그래서 영문 이름은 베이징 오페라(Beijing Opera)라고 불려요.

경극의 주제와 레퍼토리는 중국 전통 역사를 바탕으로 하고 있으며 무대에서는 많은 소품을 사용하지 않아요.

경극을 보면 배우들의 얼굴 분장(脸谱 liǎnpǔ)이 화려하고 독특한데 각각의 상징적인 의미를 담고 있어요. 예를 들어 빨간 색은 충성과 용기, 하얀 색은 간사함과 교활함, 검은색은 강직함, 파란색은 의협심과 용맹함의 상징적인 의미를 갖고 있어요.

경극은 200년 이상의 역사를 갖고 있지만 서양에 알려진 건 얼마 되지 않았어요. 경극의 전설적인 배우 매란방(梅兰芳)의 1949년 해외 공연을 시작으로 서서히 서양에 알려지기 시작하며 폭발적인 인기를 얻었어요.

경극은 모두 1시간 내외의 짧은 연극으로 연출과 연기 모두 지극히 서사적인 표현 양식을 쓰고, 언어는 일반 대중들이 다소 이해하기 어렵지만 배우들의 연기와 노래, 음악, 분장, 의상과 생생한 동작 등을 통해서 전달되기에 종합예술이에요.

경극을 주제로 한 대표적인 영화로는 1993년에 개봉했던 장국영(张国荣), 공리(巩俐) 주연의 패왕별희(霸王别姬)가 있어요.

你吃饭了吗?

Nǐ chī fànle ma?

당신은 식사하셨어요?

你吃饭了吗?
당신은 식사하셨어요?

我吃饭了。你呢?
저는 식사를 했어요. 당신은요?

昨天你喝酒了吗?
어제 당신은 술을 마셨나요?

昨天我喝酒了。
어제 저는 술을 마셨어요.

我听说上海的天气非常热。
듣기로는 상하이 날씨는 매우 덥다고 해요.

上海的天气怎么样?
상하이 날씨는 어때요?

对!天气真凉快!
맞아요! 날씨는 정말 시원해요!

最近天气不冷不热!
최근 날씨는 춥지도 덥지도 않아요!

마지막 과는 우리에게 친숙한 표현 你吃饭了吗?를 통해서 了를 공부하고 일상생활에 중요한 날씨 표현도 알아봐요.

대화 1

冬冬
니 츨 환러 마
你吃饭了吗?
Nǐ chī fànle ma?

'니 츨'에서 끊고 '환 러 마'로 읽으세요.

秀珍
워 츨 환러 니 너
我吃饭了。你呢?
Wǒ chī fànle. Nǐ ne?

'워 츨'에서 끊고 '환 러'로 읽고 다시 '니 너'로 읽으세요.

冬冬
워 메이 츨 환
我没吃饭。
Wǒ méi chī fàn.

'워 메이'에서 끊고 '츨 환'으로 읽으세요. 吃饭은 1성과 4성인데, '츨'에서 '환'으로 넘어갈 때 '饭 환'은 절도 있으면서 힘차게 내려 주세요.

대화 2

'주오티엔'에서 끊고 '니'에서 끊고 '허 지유러 마'로 읽으세요.

冬冬
주오티엔 니 허 지유러 마
昨天你喝酒了吗?
Zuótiān nǐ hē jiǔle ma?

'주오티엔'에서 끊고 '워'에서 끊고 '허 지유러'로 읽으세요. '워 허러'에서 끊고 '량 핑 피지유'로 읽으세요.

秀珍
주오티엔 워 허 지유러 워 허러 량 핑 피지유
昨天我喝酒了。我喝了两瓶啤酒。
Zuótiān wǒ hē jiǔle. Wǒ hēle liǎng píng píjiǔ.

새 단어

• 吃 chī 먹다.
• 饭 fàn 밥.
• 昨天 zuótiān 어제.
• 喝 hē 마시다.
• 酒 jiǔ 술.
  † 숫자 9인 '九 jiǔ'와 한어병음, 성조가 같아요.
• 瓶 píng 병(양사).
• 啤酒 píjiǔ 맥주.
• 上海 Shànghǎi 상하이(지명).
• 天气 tiānqì 날씨.

해석

대화 1
둥둥 : 당신은 식사하셨어요?
수진 : 저는 식사를 했어요. 당신은 요?
둥둥 : 저는 식사를 하지 않았어요.

대화 2
둥둥 : 어제 당신은 술을 마셨나요?
수진 : 어제 저는 술을 마셨어요. 저는 맥주 두 병을 마셨어요.

 대화 3

冬冬
상하이 더 티엔치 전머양
上海的天气怎么样?
Shànghǎi de tiānqì zěnmeyàng?

'상하이 더'에서 끊고 '티엔치'에서 끊고 '전머양'으로 읽으세요.

秀珍
워 팅슈어 상하이 더 티엔치
我听说上海的天气
Wǒ tīngshuō Shànghǎi de tiānqì

훼이창 러
非常热。
fēicháng rè!

'워 팅슈어'에서 끊고 '상하이 더'에서 끊고 티엔치'에서 끊고 '훼이창 러'로 읽으세요. 非常은 1성과 2성인데, 이럴 때는 앞의 1성은 다소 짧은 느낌으로 빠르게 읽고 뒤에 2성은 부드럽게 소리를 올리세요.

 대화 4

冬冬
쯔웨이진 티엔치 부 렁 부 러
最近天气不冷不热!
Zuìjìn tiānqì bù lěng bú rè!

'쯔웨이진 티엔치'에서 끊고 '부 렁 부 러'로 읽으세요. 不 성조 변화에 주의하세요.

秀珍
뚜웨이 티엔치 쩐 량콰이
对!天气真凉快!
Duì! Tiānqì zhēn liángkuài!

'뚜웨이' 읽고 '티엔치'에서 끊고 '쩐'에서 끊고 '량콰이'로 읽으세요.

- 怎么样 zěnmeyàng 어떠하다.
- 听说 tīngshuō 듣자하니.
  † 제3자를 통해서 혹은 간접적으로 전해 들은 것을 말할 때 사용해요.
- 非常 fēicháng 매우.
- 热 rè 덥다.
- 最近 zuìjìn 최근.
  † 最는 '최고, 가장'이라는 뜻이고, 近는 '가깝다'라는 뜻이에요. 주로 안부 인사나 날씨 등을 물을 때 사용해요.
- 冷 lěng 춥다.
- 对 duì 맞다, 옳다.
- 凉快 liángkuài 시원하다.

해석

대화 3
동동 : 상하이 날씨는 어때요?
수진 : 듣기로는 상하이 날씨는 매우 덥다고 해요.

대화 4
동동 : 최근 날씨는 춥지도 덥지도 않아요!
수진 : 맞아요! 날씨는 정말 시원해요!

1 我吃饭了

동사 뒤에 바로 了를 붙이면 완료가 돼요. 다만 목적어의 동반 유무에 따라 了의 위치가 바뀌어요.

- 긍정문

  我喝茶了。 Wǒ hē chá le. 저는 차를 마셨어요.

- 부정문

  我没喝茶。 Wǒ méi hē chá. 저는 차를 마시지 않았어요.

- 일반의문문

  你喝茶了吗? Nǐ hē chá le ma? 당신은 차를 마셨나요?

- 정반의문문

  你喝茶了没有? Nǐ hē chá le méiyǒu? 당신은 차를 마셨나요?

  ☞동작의 완료를 물어보는 문장의 정반의문문 형식은 '了没有?'로 바뀌는 것에 주의하세요.

만약에 구체적인 수량을 동반한다면 了를 동사 바로 뒤에 넣어주고 구체적인 수량을 말하세요.

我喝了三杯茶。 Wǒ hēle sān bēi chá. 저는 차 세 잔을 마셨어요.

我吃了半个三明治。 Wǒ chīle bàn ge sānmíngzhì. 저는 샌드위치 반 개를 먹었어요.

2 我没吃饭

동사 뒤의 了를 부정할 때는 没를 사용해요.

我没吃饭。 Wǒ méi chī fàn. 저는 밥을 먹지 않았어요.

弟弟没写作业。 Dìdi méi xiě zuòyè. 남동생은 숙제를 하지 않았어요.

我没买书。 Wǒ méi mǎi shū. 저는 책을 사지 않았어요.

☞이때 了는 사용하지 않아요.

🍵 **새 단어**

- 茶 chá 차, 티.
- 三明治 sānmíngzhì 샌드위치.
- 作业 zuòyè 숙제.
- 小 xiǎo 작다.
- 短 duǎn 짧다.

- 杯 bēi 잔(양사).
- 写 xiě 글씨를 쓰다, 작성하다.
- 大 dà 크다.
- 长 cháng 길다.
- 远 yuǎn 멀다.

③ **이중부정 不~不~**

不~不~는 대비되는 형용사를 넣어서 이중부정의 효과를 전달해요. 형용사를 외울 때 도움이 많이 돼요.

不大**不**小 bú dà bù xiǎo 크지도 작지도 않다

不长**不**短 bù cháng bù duǎn 길지도 짧지도 않다

不远**不**近 bù yuǎn bú jìn 멀지도 가깝지도 않다

④ **听说** tīngshuō

听说는 '듣자하니'라는 뜻으로, 제3자를 통해서 듣거나 간접적으로 들은 정보나 지식을 인용할 때 사용해요. 听说 앞에 종종 주어 我(나)를 붙이기도 해요.

听说中国人喜欢红色。 Tīngshuō Zhōngguórén xǐhuan hóngsè.

중국인들은 빨간색을 좋아한다고 들었어요.

听说上海的夏天非常热 。 Tīngshuō Shànghǎi de xiàtiān fēicháng rè.

상하이의 여름은 매우 덥다고 들었어요.

我**听说**他是日本人。 Wǒ tīngshuō tā shì Rìběnrén.

그는 일본 사람이라고 들었어요.

> **중국어 입력 표시 방법**
>
> **1.** 아이폰
> 일반 → 키보드 → 새로운 키보드 추가 → 중국어 간체 병음(QWERTY)
>
> **2.** 삼성
> 일반 → 언어 및 키보드 형식 → 입력 언어 관리 → 다운로드 가능한 언어 → 简体中文 중국어(중국)
> 대만, 홍콩 등도 있으니 반드시 중국어 중국으로 추가하세요.

- 近 jìn 가깝다. † '进 jìn 들어가다'와는 한어병음과 성조는 같지만 한자가 달라요.
- 红色 hóngsè 빨간색.
- 夏天 xiàtiān 여름.
- 天气 tiānqì 날씨.
- 日本 Rìběn 일본.

○ 성조가 완전해졌다면 이번에는 중국어 한자만 보고 한어병음을 읽으세요.

대화1

冬冬　你吃饭了吗?

秀珍　我吃饭了。你呢?

冬冬　我没吃饭。

> 당신은 식사하셨어요?
> 저는 식사를 하지 않았어요.

> 저는 식사를 했어요.
> 당신은요?

대화2

冬冬　昨天你喝酒了吗?

秀珍　昨天我喝酒了。
　　　我喝了两瓶啤酒。

> 어제 당신은 술을
> 마셨나요?

> 어제 저는 술을 마셨어요.
> 저는 맥주 두 병을 마셨어요.

대화3

冬冬　上海的天气怎么样?

秀珍　我听说上海的天气
　　　非常热。

> 듣기로는 상하이 날씨
> 는 매우 덥다고 해요.

> 상하이 날씨는
> 어때요?

대화4

冬冬　最近天气不冷不热!

秀珍　对!天气真凉快!

> 맞아요! 날씨는 정말
> 시원해요!

> 최근 날씨는 춥지도
> 덥지도 않아요!

冷	lěng 춥다	、冫冫冷冷冷冷
冷		

热	rè 덥다	一十才执执热热
热		

昨天	zuótiān 어제	l 日日日昨昨昨 一二千天
昨 天		

最近	zuìjìn 최근	日旦早早昻昻最 ′ ℉ ℉ 斤斤斤近近
最 近		

听说	tīngshuō 듣자하니	l 口口叮听听 ` 讠讠讠讠讠说
听 说		

天气	tiānqì 날씨	一二千天 ′ 丶 勹 气
天 气		

凉快	liángkuài 시원하다	、冫冫广户凉凉凉 丶 丶 忄 忄 怏 快
凉 快		

怎么样	zěnmeyàng 어떠하다	′ 乍 乍 乍 乍 怎 怎 ′ 么 么 一十木 术 术 样 样
怎 么 样		

🎧 듣기

NOTE

1. 녹음을 듣고 한국어로 의미를 적으세요.

① 你吃饭了吗?

_____

② 我没吃饭。

_____

③ 昨天我喝酒了。

_____

④ 最近天气不冷不热。

_____

1.
① 吃 chī 먹다
② 没(有) méi(yǒu) 없다, ~하지 않았다
③ 昨天 zuótiān 어제
④ 天气 tiānqì 날씨

2. 녹음을 듣고 한어병음을 적으세요.

① 你吃饭了吗?

_____

② 最近天气怎么样?

_____

③ 天气真凉快!

_____

④ 听说上海的天气非常热!

_____

2.
① 당신은 식사하셨어요?
② 최근 날씨는 어때요?
③ 날씨는 정말 시원해요!
④ 듣기로는 여름 상하이 날씨는 매우 덥다고 해요!

정답

듣기 1. ① 당신 식사하셨어요? ② 저는 먹지 않았어요. ③ 어제 저는 술을 마셨어요.
④ 최근 날씨는 춥지도 덥지도 않아요. 2. ① Nǐ chī fànle ma? ② Zuìjìn tiānqì zěnmeyàng?
③ Tiānqì zhēn liángkuài! ④ Tīngshuō Shànghǎi de tiānqì fēicháng rè!

 쓰기

3. 성조를 쓰세요.

① 我吃饭了。

_____

② 昨天我喝酒了。

_____

③ 最近天气不冷不热!

_____

④ 对! 天气真凉快!

_____

3.
① Wo chi fanle.
② Zuotian wo he jiule.
③ Zuijin tianqi bu leng bu re!
④ Dui! Tianqi zhen liangkuai!

모바일 파트

핸드폰의 메모나 카카오톡 나에게 보내기를 통해 마지막으로 총정리 해봐요.

1. 당신은 식사하셨어요?
2. 어제 저는 술을 마셨어요.
3. 최근 날씨는 춥지도 덥지도 않아요.

인 트

1. 주어 '당신'인 你를 먼저 떠올리고 '먹다'인 吃를 꺼내고 '밥'인 饭을 넣으세요. '~했어요?'라는 질문이기에 끝에 了吗를 넣고 물음표 하세요.
2. 昨天 '어제'라는 시간 단어를 먼저 떠올리고 주어 我 동사 '마시다'인 喝를 꺼내고 酒 뒤에 了로 마무리하세요.
3. 이중부정은 '不~不~'로 不가 2번 들어가죠. 앞에 '최근 날씨' 最近天气 순서대로 나열하고 이어서 첫 번째 不 뒤에 冷, 두 번째 不 뒤에 热를 넣으세요.

 쓰기   3. ① 我吃饭了 3성/1성/4성/경성   ② 昨天我喝酒了 2성/1성/3성/1성/3성/경성
③ 最近天气不冷不热 4성/4성/1성/4성/4성/3성/2성/4성   ④ 对天气真凉快 4성/1성/4성/1성/2성/4성

모바일 1. 你吃饭了吗?   2. 昨天我喝酒了。   3. 最近天气不冷不热。

포춘쿠키(幸运饼)

행운을 전해 준다는 포춘쿠키(幸运饼)가 있어요. 幸运은 '행운'이라는 뜻이고 饼은 '전병, 과자'라는 의미예요. 영문으로는 'Fortune cookie'로 '운세를 보는 쿠키'라는 의미죠.

포춘쿠키(幸运饼)는 미국이나 캐나다 등 해외에 있는 중국인이 운영하고 있는 중국 식당에서 흔히 후식으로 제공하는 과자예요.

이 과자는 전병으로 이루어진 과자인데 과자 안에 행운의 메시지나 복권 번호 등이 적혀 있어서 과자를 먹고 가볍게 운세를 보는 재미가 있어요. 대부분이 긍정적인 메시지를 담고 있기 때문에 달콤한 과자를 먹고 나서 메시지로 격려받고 기분이 좋아지게 하는 효과가 있어요.

사실 포춘쿠키(幸运饼)는 집에서도 만들어 먹을 수 있는데 필요한 재료는 계란흰자, 설탕, 버터, 밀가루(박력분) 등 간단하지만 손이 다소 많이 가고 연습이 많이 필요해요.

현재 미국 샌프란시스코(San Francisco)에 59년 전통의 중국계 미국인이 운영하는 포춘쿠키만을 파는 유명한 상점이 있어요. '골든게이트 포춘쿠키'라는 상점인데 창시자 어머니의 비밀 요리법으로 수제 쿠키만을 고집하고 있다고 해요.

상점의 인테리어는 1962년 개점 당시 그대로의 모습을 유지하고 있으며 세계 각국에서 온 관광객들이 손님들이라고 해요.

한국에는 인천 차이나타운에 가면 포춘쿠키를 상점에서 판매하고 있어요.

부록

① 주제별 단어

② 단어 찾아보기

▶ 과일·동물

 苹果 사과 píngguǒ
 香蕉 바나나 xiāngjiāo
 橙子 오렌지 chéngzi
 西瓜 수박 xīguā

 葡萄 포도 pútáo
 菠萝 파인애플 bōluó
 草莓 딸기 cǎoméi
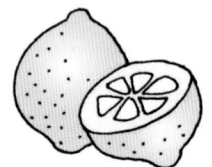 柠檬 레몬 níngméng

桃子 táozi 복숭아	蛇 shé 뱀
李子 lǐzi 자두	马 mǎ 말
梨 lí 배	羊 yáng 양
甜瓜 tiánguā 참외	猴子 hóuzi 원숭이
老鼠 lǎoshǔ 쥐	鸡 jī 닭
牛 niú 소	狗 gǒu 개
老虎 lǎohǔ 호랑이	猪 zhū 돼지
兔子 tùzi 토끼	猫 māo 고양이
龙 lóng 용	鹿 lù 사슴

▶국가 이름 · 주요 도시

韩国 한국
Hánguó

中国 중국
Zhōngguó

日本 일본
Rìběn

西班牙 스페인
Xībānyá

美国 미국
Měiguó

英国 영국
Yīngguó

法国 프랑스
Fǎguó

俄国 러시아
Éguó

香港 Xiānggǎng 홍콩	**首尔** Shǒu'ěr 서울
台湾 Táiwān 대만	**北京** Běijīng 베이징
印度 Yìndù 인도	**东京** Dōngjīng 도쿄
新加坡 Xīnjiāpō 싱가포르	**巴黎** Bālí 파리
加拿大 Jiānádà 캐나다	**纽约** Niǔyuē 뉴욕
葡萄牙 Pútáoyá 포르투갈	**伦敦** Lúndūn 런던
德国 Déguó 독일	**莫斯科** Mòsīkē 모스크바
荷兰 Hélán 네덜란드	**马德里** Mǎdélǐ 마드리드
意大利 Yìdàlì 이탈리아	**里斯本** Lǐsīběn 리스본

▶ 관공서 · 학교

学校 학교
xuéxiào

邮局 우체국
yóujú

教堂 교회
jiàotáng

警察所 경찰서
jǐngchásuǒ

医院 병원
yīyuàn

机场 공항
jīchǎng

消防局 소방서
xiāofángjú

港口 항구
gǎngkǒu

图书馆 túshūguǎn 도서관	**地铁站** dìtiězhàn 지하철역
银行 yínháng 은행	**中国共产党** Zhōngguó Gòngchǎndǎng 중국공산당
大使馆 dàshǐguǎn 대사관	**人民解放军** Rénmín Jiěfàngjūn 인민해방군
市厅 shìtīng 시청	**幼儿园** yòu'éryuán 유치원
法院 fǎyuàn 법원	**小学** xiǎoxué 초등학교
公安局 gōng'ānjú 공안국	**初中** chūzhōng 중학교
急诊室 jízhěnshì 응급실	**高中** gāozhōng 고등학교
电视台 diànshìtái 방송국	**大学** dàxué 대학교
火车站 huǒchēzhàn 기차역	**研究生院** yánjiūshēngyuàn 대학원

▶ 날짜

一月 yīyuè 1월
二月 èryuè 2월
三月 sānyuè 3월
四月 sìyuè 4월
五月 wǔyuè 5월
六月 liùyuè 6월
七月 qīyuè 7월
八月 bāyuè 8월
九月 jiǔyuè 9월
十月 shíyuè 10월
十一月 shíyīyuè 11월
十二月 shí'èryuè 12월

号 hào 일(日, 구어체에서 많이 쓰임)	上个星期 shànggexīngqī 지난주
日 rì 일(문어체에서 많이 쓰임)	这个星期 zhègexīngqī 이번 주
月 yuè 달, 월(月)	下个星期 xiàgexīngqī 다음 주
年 nián 년(年), 해	上个月 shànggeyuè 지난달
前天 qiántiān 그제	这个月 zhègeyuè 이번 달
昨天 zuótiān 어제	下个月 xiàgeyuè 다음 달
今天 jīntiān 오늘	去年 qùnián 작년
明天 míngtiān 내일	今年 jīnnián 올해
后天 hòutiān 모레	明年 míngnián 내년

▶날씨 • 계절

太阳 해
tàiyáng

月 달
yuè

星 별
xīng

云 구름
yūn

雨 비
yǔ

闪电 번개
shǎndiàn

风 바람
fēng

雪 눈
xuě

天气预报 tiānqìyùbào 일기예보	阴 yīn 흐리다
天气 tiānqì 날씨	凉快 liángkuài 시원하다
温度 wēndù 기온, 온도	暖和 nuǎnhuo 따뜻하다
阵雨 zhènyǔ 소나기	冷 lěng 추위
洪水 hóngshuǐ 홍수	热 rè 더위
台风 táifēng 태풍	春天 chūntiān 봄
冰雹 bīngbáo 우박	夏天 xiàtiān 여름
雾 wù 안개	秋天 qiūtiān 가을
晴 qíng 맑다	冬天 dōngtiān 겨울

▶취미

看电影 영화 감상하다
kàn diànyǐng

听音乐 음악 감상하다
tīng yīnyuè

读书 독서하다
dúshū

游泳 수영하다
yóuyǒng

滑雪 스키 타다
huáxuě

钓鱼 낚시하다
diàoyú

爬山 등산하다
páshān

画画儿 그림 그리다
huàhuàr

做菜 zuòcài 요리하다	**足球** zúqiú 축구	
唱歌 chànggē 노래하다	**棒球** bàngqiú 야구	
照相 zhàoxiāng 사진 찍다	**羽毛球** yǔmáoqiú 배드민턴	
运动 yùndòng 운동하다	**篮球** lánqiú 농구	
旅游 lǚyóu 여행하다	**排球** páiqiú 배구	
买东西 mǎidōngxi 쇼핑하다	**网球** wǎngqiú 테니스	
收集 shōují 수집하다	**乒乓球** pīngpāngqiú 탁구	
网络冲浪 wǎngluòchōnglàng 인터넷 서핑하다	**台球** táiqiú 당구	
体育 tǐyù 스포츠	**高尔夫球** gāo'ěrfūqiú 골프	

▶ 맛 • 채소 • 식기

好吃 맛있다
hǎochī

辣 맵다
là

饿 배고프다
è

饱 배부르다
bǎo

大蒜 마늘
dàsuàn

辣椒 고추
làjiāo

洋葱 양파
yángcōng

胡萝卜 당근
húluóbo

甜 tián 달다	**莴苣** wōjù 상추
咸 xián 짜다	**豌豆** wāndòu 완두콩
酸 suān 시다	**蘑菇** mógu 버섯
苦 kǔ 쓰다	**黄瓜** huángguā 오이
红薯 hóngshǔ 고구마	**碗** wǎn 그릇
西红柿 xīhóngshì 토마토	**盘子** pánzi 접시
生姜 shēngjiāng 생강	**杯子** bēizi 컵, 잔
南瓜 nánguā 호박	**勺子** sháozi 수저
土豆 tǔdòu 감자	**筷子** kuàizi 젓가락

▶ 가족 • 친척

爸爸 아버지
bàba

妈妈 어머니
māma

哥哥 형, 오빠
gēge

姐姐 누나, 언니
jiějie

弟弟 남동생
dìdi

妹妹 여동생
mèimei

爷爷 할아버지
yéye

奶奶 할머니
nǎinai

父母 fùmǔ 부모님	表姐 biǎojiě 사촌 누나(언니)
儿子 érzi 아들	表哥 biǎogē 사촌 형(오빠)
女儿 nǚ'ér 딸	姑爷 gūye 사위
老公 lǎogōng 남편	儿媳妇 érxífù 며느리
太太 tàitai 아내	内弟 nèidì 처남
亲戚 qīnqī 친척	岳父 yuèfù 장인
阿姨 āyí 이모	岳母 yuèmǔ 장모
姑姑 gūgu 고모	继父 jìfù 계부
叔叔 shūshu 삼촌	继母 jìmǔ 계모

▶ 직업

公司职员 회사원
gōngsīzhíyuán

警察 경찰
jǐngchá

银行职员 은행원
yínhángzhíyuán

厨师 요리사
chúshī

工人 노동자
gōngrén

护士 간호사
hùshi

画家 화가
huàjiā

医生 의사
yīshēng

学生 xuéshēng 학생		**售货员** shòuhuòyuán 판매원
老师 lǎoshī 선생님		**律师** lǜshī 변호사
记者 jìzhě 기자		**技术人员** jìshùrényuán 기술자
演员 yǎnyuán 배우		**农人** nóngrén 농부
公务员 gōngwùyuán 공무원		**渔人** yúrén 어부
美发师 měifàshī 미용사		**设计师** shèjìshī 디자이너
导游 dǎoyóu 여행가이드		**歌手** gēshǒu 가수
司机 sījī 운전사		**模特** mótè 모델
建筑师 jiànzhùshī 건축가		**导演** dǎoyǎn 영화감독

▶ 신체·병

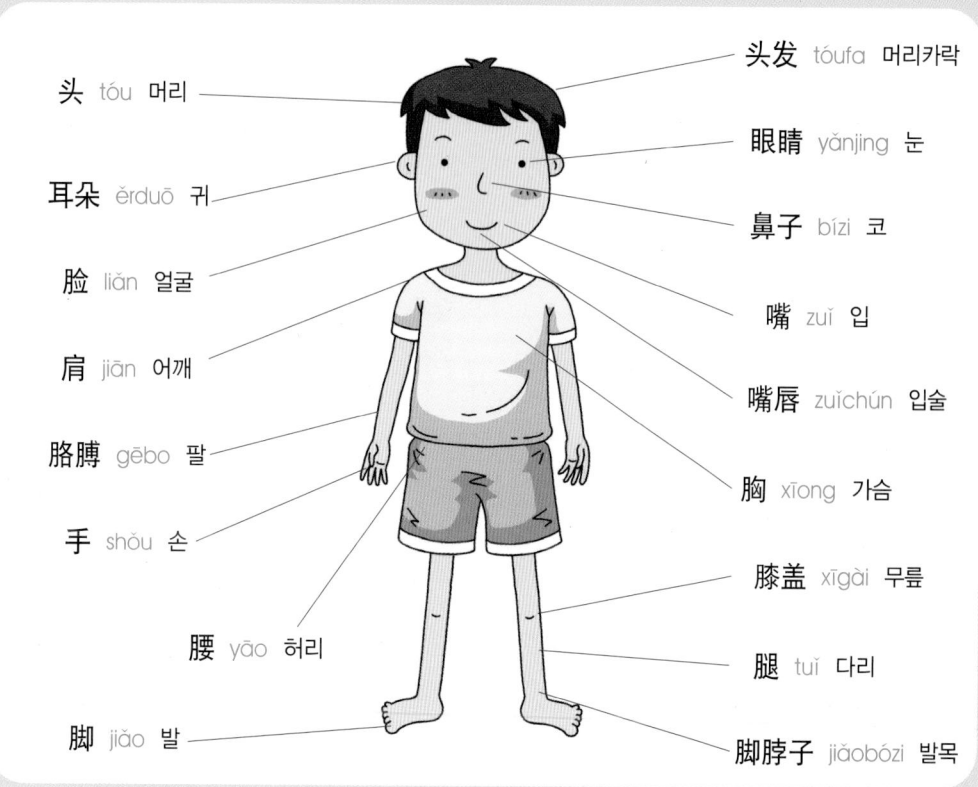

头 tóu 머리

耳朵 ěrduō 귀

脸 liǎn 얼굴

肩 jiān 어깨

胳膊 gēbo 팔

手 shǒu 손

腰 yāo 허리

脚 jiǎo 발

头发 tóufa 머리카락

眼睛 yǎnjing 눈

鼻子 bízi 코

嘴 zuǐ 입

嘴唇 zuǐchún 입술

胸 xiōng 가슴

膝盖 xīgài 무릎

腿 tuǐ 다리

脚脖子 jiǎobózi 발목

医生 yīshēng 의사	咳嗽 késou 기침
护士 hùshi 간호사	治疗 zhìliáo 치료하다
处方笺 chǔfāngjiān 처방전	受伤 shòushāng 부상, 상처
药 yào 약	扭 niǔ 삐다
发烧 fāshāo 열	消化 xiāohuà 소화하다
头晕 tóuyūn 어지럽다	拉肚子 lādùzi 설사
打针 dǎ zhēn 주사를 놓다	吐 tǔ 토하다
感冒 gǎnmào 감기	血 xuè 피
鼻涕 bítì 콧물	体温 tǐwēn 체온

▶전기・전자제품

电视机 텔레비전
diànshìjī

电脑 컴퓨터
diànnǎo

电风扇 선풍기
diànfēngshàn

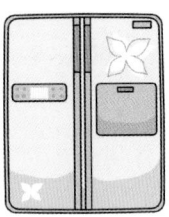

冰箱 냉장고
bīngxiāng

电话 전화기
diànhuà

空调 에어컨
kōngtiáo

手机 핸드폰
shǒujī

榨汁机 믹서기
zhàzhījī

音响 yīngxiǎng 오디오	**电动吸尘器** diàndòng xīchénqi 진공청소기
数码相机 shùmǎ xiàngjī 디지털카메라	**煤气炉** méiqìlú 가스레인지
微波炉 wéibōlú 전자레인지	**扬声器** yángshēngqì 스피커
洗衣机 xǐyījī 세탁기	**麦克风** màikèfēng 마이크
吹风机 chuīfēngjī 헤어드라이기	**扫描仪** sǎomiáoyí 스캐너
烫斗 tàngdǒu 다리미	**遥控器** yáokòngqì 리모콘
耳机 ěrjī 이어폰	**功能手机** gōngnéngshǒujī 스마트폰
烤箱 kǎoxiāng 오븐	**电动剃须刀** diàndòng tìxūdāo 전기면도기
传真机 chuánzhēnjī 팩스	**笔记本** bǐjìběn 노트북컴퓨터

▶ 감정

幸福 행복하다
xìngfú

吃惊 놀랍다
chījīng

开心 즐겁다
kāixīn

生气 화나다
shēngqì

难过 슬프다
nánguò

骄傲 자랑스럽다
jiāo'ào

失望 실망하다
shīwàng

高兴 기쁘다
gāoxìng

爱 ài 사랑하다	**笑** xiào 웃다
喜欢 xǐhuan 좋아하다	**可怕** kěpà 끔찍하다
讨厌 tǎoyàn 싫어하다	**抱歉** bàoqiàn 미안해하다
可爱 kě'ài 귀엽다	**忧郁** yōuyù 우울하다
美丽 měilì 아름답다	**悲惨** bēicǎn 비참하다
魅力 mèilì 매력적이다	**担心** dānxīn 걱정스럽다
兴奋 xīngfèn 흥분하다	**孤独** gūdú 외롭다
不幸 búxìng 불행하다	**惨淡** cǎndàn 참담하다
哭 kū 울다	**痛苦** tòngkǔ 괴롭다

▶ 교통 • 방향

飞机 비행기
fēijī

火车 기차
huǒchē

地铁 지하철
dìtiě

出租汽车 택시
chūzūqìchē

公共汽车 버스
gōnggòngqìchē

卡车 트럭
kǎchē

救护车 구급차
jiùhùchē

消防车 소방차
xiāofángchē

汽车 qìchē 자동차	**里** lǐ 안
直升机 zhíshēngjī 헬리콥터	**外** wài 밖
自行车 zìxíngchē 자전거	**前** qián 앞
摩托车 mótuōchē 오토바이	**后** hòu 뒤
船 chuán 배	**旁** páng 옆
动车 dòngchē 고속철	**东** dōng 동
旅游大巴 lǚyóu dàbā 관광버스	**西** xī 서
上 shàng 위	**南** nán 남
下 xià 아래	**北** běi 북

▶ 생필품

剪刀 가위
jiǎndāo

铅笔 연필
qiānbǐ

本子 공책
běnzi

信 편지
xìn

镜子 거울
jìngzi

卫生纸 휴지
wèishēngzhǐ

毛巾 수건
máojīn

牙刷 칫솔
yáshuā

牙膏 yágāo 치약	梳子 shūzi 빗
肥皂 féizào 비누	指甲刀 zhǐjiǎdāo 손톱깎이
洗发精 xǐfàjīng 샴푸	纸 zhǐ 종이
润丝 rùnsī 린스	信封 xìnfēng 봉투
化妆品 huàzhuāngpǐn 화장품	圆珠笔 yuánzhūbǐ 볼펜
护肤水 hùfūshuǐ 스킨	尺子 chǐzi 자
润手露 rùnshǒushuāng 핸드크림	胶棒 jiāobàng 풀
香水 xiāngshuǐ 향수	透明胶带 tòumíngjiāodài 스카치 테이프
剃须刀 tìxūdāo 면도기	橡皮 xiàngpí 지우개

▶ 색깔 · 모양

红色 빨간색
hóngsè

黄色 노란색
huángsè

蓝色 파란색
lánsà

黑色 검은색
hēisè

绿色 초록색
lǜsè

紫色 보라색
zǐsè

深蓝色 남색
shēnlánsè

白色 흰색
báisè

粉红色 fěnhóngsè 분홍색		点 diǎn 점	
朱黄色 zhūhuángsè 주홍색		线 xiàn 선	
紫红色 zǐhóngsè 자주색		圈 quān 원	
棕色 zōngsè 갈색		三角形 sānjiǎoxíng 삼각형	
银色 yínsè 은색		正四边形 zhèngsìbiānxíng 정사각형	
灰色 huīsè 회색		直角四边形 zhíjiǎosìbiānxíng 직사각형	
米色 mǐsè 베이지색		正六面体 zhèngliùmiàntǐ 정육면체	
淡绿色 dànlǜsè 연두색		平面 píngmiàn 평면	
天蓝色 tiānlánsè 하늘색		立体 lìtǐ 입체	

Index

■저자 **허 선**

   한국외국어대학교 국제대학원 중국정치학 졸업
   중국 요녕사범대학 어학 연수
   前) 와이비엠 종로 중국어 강사
   前) 이얼싼 중국어학원 강사
   외부 출강 다수(외환은행 등)
   現) 시사중국어학원 회화 정규집중반 전임강사

허선쌤의

친친 중국어 첫걸음

초판 1쇄 인쇄 2022년 3월 10일
초판 1쇄 발행 2022년 3월 15일

발행인 박해성
발행처 정진출판사
지은이 허선
편집 김양섭
기획마케팅 박상훈
본문디자인 디자인톡톡
표지디자인 디자인톡톡
삽화 허다경
출판등록 1989년 12월 20일 제 6-95호
주소 136-130 서울시 성북구 화랑로 119-8
전화 02-917-9900
팩스 02-917-9907
홈페이지 www.jeongjinpub.co.kr

ISBN 978-89-5700-169-1 *13720